公明党
その真価を問う

山口那津男
Yamaguchi Natsuo

佐藤　優
Sato Masaru

潮新書
037

潮出版社

公明党
その真価を問う

目次

第2章　公明党に脈打つ人間主義と平和主義

第3章　「全世代型社会保障」実現に向けて

第4章 「教育の政党」としてのアイデンティティ

第5章

「防災・減災」から持続的成長を目指して

東日本大震災と公明党議員
目の前の一人を全魂で励ます
公明党「チーム3000」の縦横無尽のネットワーク
「政治家のバカ野郎！」震災被災者の叫び
被災地の仮設住宅の風呂に追い焚き機能を追加させる
仮設住宅の被災者に想像力を働かせる政治
エピソード主義の自民党　エビデンス主義の公明党
全国の自治体と協力して震災瓦礫を処理
旧・民主党はコンサルタント　公明党はコーチと伴走者
2018年西日本豪雨と公明党の地方議員
西日本豪雨と倉敷市真備町
農家・酪農家の生活を救う収入保険制度
2019年の台風19号と公明党女性議員の視点
熊本豪雨と線状降水帯

第7章 公明党の新しい挑戦

「生産性」という尺度では測れない中小企業の底力
政治と大衆の距離を縮める公明党の若手議員
ネット上の誹謗中傷とヘイトスピーチ
ネット上の人権侵害と戦う弁護士の公明党議員
悪意の書きこみをする「名無しの権兵衛」をあぶり出す
公明党系ユーチューバーの誕生

不妊治療への保険適用を実現
携帯電話、スマートフォンの料金引き下げ
75歳以上の医療費負担問題で踏ん張った公明党
2050年までに「脱炭素社会」を実現
「そんなのできっこない」という冷笑主義と決別せよ
公害との戦いは「環境の政党」公明党の真骨頂
暴力革命政党・日本共産党の危険性
立憲民主党と共産党の連立政権を絶対に作ってはならない

はじめに

佐藤　優

日本の現状と未来について知るためには、公明党に関する知識が不可欠だ。公明党の歴史や政策だけでなく、公明党の価値観まで踏み込んで考察しないとこの政党の特徴はわからない。公明党を知るために山口那津男代表と一切のタブーを排して、徹底的に議論した結果がこの本に現れている。山口氏との共著は2冊目だ。前著『いま、公明党が考えていること』（潮新書、２０１６年）でもタブーのない踏み込んだ議論ができた。私は、行き過ぎた政教分離を克服することが公明党とその支持母体である創価学会にとって重要な課題であると述べた。山口氏は私の問題提起を真摯《しんし》に受け止めてくださった。特に私の印象に残っているのが、山口氏の政治観を貫く中心に創価学会の信仰があることだ。信仰に裏づけられた人間主義の価値観をもつ政治が、コロナ禍《か》で苦しむ現在、かつてなく強く求められている。

ところで、ギリシア語では、時間を表現する言葉がいくつかある。日常的に用いられるのが流れる時間を現すクロノスだ。英語のタイムになる。これに対して、ある出来事が起きる前と後では、歴史に断絶が生じるという意味の時間を示すカイロスという言葉がある。英語だとタイミングに相当する。

日本にとって、２０２０年はいくつかの意味でカイロスだった。第1はコロナ禍だ。コロナ禍により、グローバリゼーションに歯止めがかかり、国家の壁が再び大きな意味をもつようになった。ステイホームで、経済が停滞した。リモートワークが導入された結果、成果主義が強まった。また、リモートワークができない職種に従事する人々の負担も増加した。教育でも一斉休校やリモート化によって、学校間、生徒・学生間の格差が拡大した。コロナ禍によって、国家間、地域間、階層間、ジェンダー間の格差が拡大した。この傾向は今後も続く。特に構造的に弱い立場に置かれた人が、社会の底辺に追いやられつつある。

第2のカイロスは、アメリカ大統領選挙で民主党のバイデン候補が当選したことだ。米国と中国、北朝鮮との関係は、現在よりも緊張する。民主党は、自由や民主主義、人権といった価値観を軸に外交を展開する。トランプ大統領の場合、価値観よりも、自らの権力基盤を強化するための取引（ディール）を重視した。この例がトランプ氏と北朝鮮の金正恩《キム・ジョンウン》朝鮮労働党委員長との3度の首脳会談だ。その結果、朝鮮半島での武力衝突を回避することはできたが、北朝鮮の核保有と弾道ミサイル開発を米国が事実上、容認することになった。バイデン氏は、北朝鮮に対してトランプ政権よりも強硬な態度を取る。トランプ政権時代の対中国経済制裁は、バイデン政権になっても継続される。さらに中国におけるウイグル人の人権抑圧、非公認のキリスト教会に対する弾圧について、人権を重視する立場から、米国は中国に対する批判を一層強めるであろう。中国は日本の隣国だ。米中関係が緊張し、武力衝突に発展するような事態だけは絶対に避けなくてはならない。

第3のカイロスは、20年8月末に安倍《あべ》晋三《しんぞう》総理が健康上の理由で突然辞意を表明し、7年8カ月続いた第二次安倍政権が終わり、菅《すが》義偉《よしひで》官房長官が総理に就任したことだ。菅氏は、安倍氏と比較すると、イデオロギー色が稀薄だ。プラグマティック（実利的）な観点から生産性向上を志向することになろう。大胆な規制緩和政策を菅政権が採択し、格差が拡大し、社会の分断が高まる可能性がある。さらにコロナ対策の過程で司法権、立法権に対する行政権の優位性が高まり、民主主義が機能不全に陥る可能性もある。政策に関し、野党の対抗提案を連立与党の公明党が吸収し、自民党と折衝して政府案としてしまう事例がコロナ禍で増えた。例えば、国民一人当たり10万円の給付だ。野党の対案が政府に吸い取られてしまうので、野党に残された政権攻撃はスキャンダルの暴露《ばくろ》しかなくなる。その結果、組織力のある共産党が存在感を増した。政局が公明党と共産党の対立軸で動くようになった。

このような歴史転換がいくつも起きている時期に半年にわたる山口氏との対談を通じて、私は、あらゆる生命を宇宙次元で尊重し、人間主義という価値観に基づく公明党の重要性に対する認識を深めることができた。

この対談を終了した後のことであるが、公明党は深刻な試練に直面することになった。タブーを排して、真摯な議論を行うというのが本書の趣旨なので、「はじめに」であえてこの問題について触れることにする。

〈公明党の遠山清彦衆院議員（比例九州ブロック）は1日、議員辞職願を大島理森衆院議長あてに秘書を通じて提出した。緊急事態宣言下の深夜に東京・銀座のクラブを訪れたことが批判を浴び、1月29日に党幹事長代理を辞任していた。

遠山氏は1日、国会内で記者団に「政治への信頼を深く傷つけてしまったことに対して心からおわびしたい。次の選挙で立候補する意思は持っていない」と述べた〉（2021年2月1日「朝日新聞デジタル」）

遠山氏に関しては、政治資金による不適切な支出についても、国民の反発を買った。遠山氏は衆議院議員選挙で神奈川6区からの立候補が予定されていた。〈「選挙区で多くの方々に一緒に歩いていただき、応援していただいた。その方々の期待と信頼を裏切ることになった」。1日午前、東京・永田町で議員辞職を表明した遠山氏は、立候補を予定していた6区（横浜市保土ケ谷、旭区）の有権者への思いを問われ、謝罪の言葉を繰り返した〉（2月2日「朝日新聞デジタル」）。公明党は次期衆院選で、神奈川6区の候補者擁立を見送る方針を固めた。当然の対応と思う。私は遠山氏の推薦人の一人だった。応援演説で神奈川に行ったこともある。私は簡単に政治家の推薦人にはならない。推薦人になるときには、その政治家と連帯責任を負うつもりでいる。公明党の政策、遠山氏の人柄に共感を覚えたから私は推薦人に名を連ねた。遠山氏に期待した国民の信頼を裏切ってしまったことに私も責任を痛感している。今になって悔やんでも遅いのであるが、私が心の眼をもっと見開いていれば、遠山氏の否定的性向に気づいて、注意することもできたはずだ。自分の眼が曇《くも》っていたことを恥じている。公明党を応援する有識者の一人として、私は公明党の原点をもう一度、学び直したいと思っている。公明党の公認党史から、結党の精神に関する箇所を少し長くなるが正確に引用しておく。

〈公明政治連盟、そして公明会の「公明」という名称の由来だが、学会が初めて国政選挙に候補者を立てて臨んだ56年の参院選後に、戸田城聖第二代会長が当選した辻武寿、北条雋八、白木義一郎らを前に、「もし将来、国会に会派をつくる時には、『公明会』としてはどうか」と述べ、さらに「学会の選挙運動は『公明選挙』だ。宴会政治のような、腐敗した政治を正すのが使命だからだ」と語っていた。この戸田会長の言葉を踏まえ、池田大作第三代会長が「政治団体としての名称は『公明政治連盟』としてはどうだろうか。各議会で会派をつくる時には、『公明会』にすればよい」と提唱。そして64年11月の「公明党」結成に受け継がれた。

公政連は62年9月13日、結成後初の第1回全国大会を東京・豊島公会堂で行った。これには全国より２０００人の代表が集った。その席上、池田会長（当時）は来賓あいさつで、公政連の議員の在り方として次のように語った。「……最後の最後まで、生涯、政治家として、そして指導者として、大衆に直結していってもらいたい。偉くなったからといって、大衆から遊離して、孤立したり、また組織の上にあぐらをかいたりするような政治家には絶対になっていただきたくないのであります。大衆とともに語り、大衆とともに戦い、大衆のために戦い、大衆の中に入りきって、大衆の中に死んでいっていただきたい。どうか公政連の同志の皆さん方だけは、全民衆のための、大衆のなかの政治家として一生を貫き通していただきたいと、切望するものであります」と。

その池田会長の言葉は、２年後の公明党結党に際し、党の根本指針とすべく、党綱領に明記され、結成大会で発表された。「大衆とともに語り、大衆とともに戦い、大衆の中に死んでいく」とのフレーズに要約された指針は、公明党の原点として、党そのものの在り方はもちろん、公明党議員一人ひとりの在り方・生き方の重要な指針として重く受け止め、深く銘記すべきであろう〉（公明党史編纂委員会『大衆とともに――公明党50年の歩み　増訂版』公明党機関紙委員会、２０１９年、31〜33頁）

権力には魔性がある。大きな業績をあげた政治家でも増上慢《ぞうじょうまん》に取り憑《つ》かれることがある。池田氏は「偉くなったからといって、大衆から遊離して、孤立したり、また組織の上にあぐらをかいたりするような政治家には絶対になっていただきたくないのであります」と政治家の増上慢に公政連が結成された最初の時点で警鐘《けいしょう》を鳴らした。この言葉がもつ意味を噛《か》みしめなくてはならない。

公明党には難を克服する力がある。それはこの党には、「大衆とともに語り、大衆とともに戦い、大衆の中に死んでいく」という揺るがすことのできない価値観があるからだ。

私は公明党員でも支持母体の創価学会のメンバーでもない。プロテスタントのキリスト教徒だ。ただし、政治的に私は公明党の「大衆とともに」という価値観を共有する。私が尊敬するチェコのプロテスタント神学者ヨゼフ・ルクル・フロマートカは「信仰のある者は常に前を見る」と言った。難に直面したとき公明党は自浄能力をもつと私は確信している。そして、前を向き、来る選挙で、政治腐敗を許さず、人間主義の価値観に基づいて平和を実現する人を我々の代表として政界に送り出していくことが重要になる。

私も外部の有識者の一人として今後も変わらずに公明党に期待するとともに、この党を応援することをここで宣言する。

本書を上梓するにあたっては潮出版社の幅武志氏にたいへんにお世話になりました。どうもありがとうございます。

2021年2月15日、曙橋（東京都新宿区）にて

第1章

新型コロナウイルスとの戦い

公明党がもつアンテナの感度

佐藤優　２０２０年は、新型コロナウイルス感染症との戦いの１年でした。国家にとっての難、まさしく国難です。私は公明党の動きを外側から観察しながら、公明党とほかの政党に根本的な違いがあることを、今回あらためて再認識しました。

何が根本的な違いなのでしょうか。公明党は、アンテナの張り巡らせ方がほかの政党とは違います。受信機の感度も違います。大衆が苦難に直面しているとき、公明党は社会の隅々にまでアンテナを張り巡らせて、大衆の声を鋭敏に聴き取るのです。

目の前にいる一人の存在を決してないがしろにしない。「政治家としての自分の仕事は、その人の生活ともろに直結しているのだ」と真剣にとらえる。「だから我々に不作為があってはならないのだ」と、誠実かつ迅速に行動を重ねるのです。

公明党の議員の多くは、日蓮《にちれん》仏法を信奉しています。新型コロナウイルスとの戦いを通じて、公明党が仏法の平和主義、人間主義に基づく「価値観政党」であるという事実を、多くの人々が再確認したのではないでしょうか。

山口　那津男　ありがとうございます。佐藤さんがおっしゃるとおり、新型コロナはまさに国難ともいうべき衝撃を社会にもたらしました。日本人の感染者が初めて確認されたのは、２０２０年１月中旬のことです。

佐藤　中国・湖北省の武漢市から帰国した男性の発熱が治まらず、肺炎を発症しました。１月15日夜、国立感染症研究所が新型コロナウイルスに感染していた事実を確認しています。

山口　その直後の１月20日に、通常国会が開幕しました。この日に行われた安倍晋三《あべしんぞう》総理の施政方針演説では、新型コロナウイルスについての言及はありません。１月23日、公明党の斉藤鉄夫《さいとうてつお》幹事長（当時）は衆議院の代表質問で、新型コロナウイルスの対策強化について安倍総理に直接問いかけました。翌１月24日には、参議院の代表質問で私も「政府として万全の対策をお願いしたい」と訴えています。

佐藤　公明党の対応は非常に素早かったですね。

山口　１月23～24日の段階では、新型コロナウイルスの実態はまだよくわかっていませんでした。公明党は「これはおろそかにできないきわめて深刻な問題だ」と危機感を高め、公明党の厚生労働部会（部会長＝高木美智代《みちよ》衆議院議員）や医療制度委員会（委員長＝秋野公造《こうぞう》参議院議員）、新型インフルエンザ対策本部（本部長＝江田康幸《やすゆき》衆議院議員）が合同で対策会議を開いています。

１月27日には、政府が新型コロナウイルスによる肺炎を感染症法に基づき「指定感染症」にする方針を決めました。そこで公明党は、この日に「新型コロナウイルス関連肺炎対策本部」を設置しています。

政府に先駆けて「新型コロナウイルスの対策を強化するべきだ」と国会の議論で訴え、党として一致団結して新型コロナウイルスに挑む態勢をいち早く構築しました。この間、政府からは連日にわたってヒアリングを重ね、最新の情報を収集しています。先ほど佐藤さんがおっしゃったように、公明党のアンテナの広さ、高さ、感度の良さが発揮されました。新型コロナ危機に際して、約３０００人の地方議員も含めた公明党のネットワークが存分にフル稼働《かどう》したのです。

帰国者のチャーター機チケット代を無料化

佐藤　２０２０年１月29日（第１便）、１月30日（第２便）、１月31日（第３便）、２月７日（第４便）、２月17日（第５便）と、中国・武漢にいた日本人は政府のチャーター機で次々と帰国しました。

山口　外務省は武漢にいる駐在員や留学生などの邦人に「早く帰国してください」と呼びかけて、実際に運航している空路を探すところから仕事を始めました。帰国の手段が尽きてしまった人のために、政府が中国の協力により特別に飛行機を動かしてもらい、武漢から日本へのチャーター機を飛ばしたのです。

当初、チャーター便に乗った乗客には料金を払ってもらう方針でした。「チャーター便を飛ばす前に中国から出た人は自腹で帰国しているのだから、平等に扱うべきだ」という意見が強かったのです。私は「そうじゃない。この人たちは、帰国する手段がほかになくなってしまったのだ。新型コロナウイルスの感染を避けるためには、否《いや》が応《おう》でもチャーター機に乗って日本へ帰らざるをえない。帰国の選択肢がなくなってしまった人たちに、政府が『料金を出しなさい』と言うべきではない。旅費は政府が負担するべきだ」と訴えました。

佐藤　チャーター便に乗って武漢から帰国した人には、当初一人8万円の旅費を請求する方針でした。1月31日、安倍総理は「政府が運賃を負担する」と方針を撤回しています。

山口　あとで政府の役人は「申し訳ありませんでした。私たちの配慮が足りませんでした」と謝ってきましたよ。

佐藤　刻々と変化していく状況に合わせて、政府も政治家も変化する必要があります。役人流の杓子定規《しゃくしじょうぎ》な対応ではなく、臨機応変に融通をきかせていかなければなりません。判断を見極めるための時間が十分あるわけではない中、公明党は適切な判断を政府と安倍総理に促していきました。

どこまでいっても日中友好を崩さない公明党

山口　自民党の某大物政治家が、国会論戦や記者会見の中で「武漢ウイルス」と言い放ちました。このセンスのなさには、私も心底驚いたものです。安倍総理は２０１９年12月23〜25日に中国を訪れ、４月ごろをめどに、習近平《しゅうきんぺい》国家主席を国賓として日本に招待することを決めました。まだ習近平国家主席の訪日がキャンセルされていない段階で、与党の政治家が「武漢ウイルス」という言葉遣いをする。とんでもないことです。

佐藤　政治家だけでなく、官僚の中にも一部にそういう人たちがいます。こういう不用意な発言には気をつけなければいけません。自民党議員の一部は「武漢ウイルス」という言い方をしながら、感染症を中国という特定の国と結びつけようとしました。こうした言動は、不安に駆られた人々に排外主義を煽《あお》り立《た》てることになります。また「習近平国家主席の訪日が控えていたせいで、日本の新型コロナウイルス対策は後れをとった」という憶測も飛び交いました。

　中国との関係を悪化させる材料として、今回の新型コロナウイルスを使おうという政治的な動きが一部にあります。そうした動きに対して、公明党は「これは人類と感染症との戦いだ。特定の国家や民族と感染症を結びつけるのは間違いである」という姿勢を毅然《きぜん》と示しています。公明党が中道主義、人間主義、平和主義という理念を掲げる「価値観政党」だからこそ、中国との関係においてその姿勢がブレることはありませんでした。

山口　日中両国間で首脳が往来しながら、日中関係を外交的に改善していく。これが現在の日中両国が重視する、大局的な大きな流れです。その流れの中で、新型コロナウイルスの感染拡大が発生しました。ならば日本が中国と協力しながら、コロナの感染拡大を抑えこむべきなのは当然です。そういう至極当たり前の視点が欠けた政治家が日本にいることには、非常にガッカリしました。

佐藤　山口代表は、一貫して日中友好の姿勢を崩していません。1月22日の公明党中央幹事会では「感染症に対応する施策を日中協力のもとで行うべきだ」と主張し、以後も事あるごとに日中友好のメッセージを発信し続けています。２月25日に孔鉉佑《こうげんゆう》駐日中国大使と会談した山口代表は、「中国とスピーディに連携して感染拡大を防ぎたい」と語りました。

山口　20年１月23日から４月８日まで、中国政府は２カ月半にわたって武漢市をロックダウン（都市封鎖）しています。新型コロナウイルスの感染源となってしまった中国が情報を公開し、近隣諸国とお互いに協力しなければ、新型コロナウイルスを抑えこむことはできません。日中両国が友好関係を崩さず協力していけば、中国の国民が救われ、ひいては日本の人々も救われていきます。少し冷静に考えてみれば、日中友好がたいせつだという考え方は当たり前なのです。

いち早く専門家会議設置を決めさせたスピード感

佐藤　２０２０年２月以降、メディアの報道は新型コロナウイルス一色になりました。２月３日、神奈川県の横浜港にクルーズ船「ダイヤモンド・プリンセス号」が到着します。船内で新型コロナウイルスのクラスター（集団）感染が発生し、乗員・乗客３７１１人は船内での待機を強いられました。さまざまな情報が錯綜《さくそう》する中、メディアの報道は一種のパニックとも言える様相を呈していきました。

山口　テレビのスタジオでは「感染症の専門家」と称する医師や大学教授がどんどん情報を発信し始めました。一口に専門家と言っても、疫学の分野での専門家もいれば、臨床面での専門家もいます。いろいろな分野の専門家が、それぞれの知見に基づいて考えを述べるのです。テレビを見る視聴者にとっては、専門家Aと専門家Bの意見が、ときに相矛盾するようにも見えます。どちらの声を信じたらいいものかわからず、社会に混乱が生じ始めました。

政府が対策を打つにあたっては、専門家による科学的な知見をもとにしなければいけません。さまざまな分野の専門家がバラバラに意見を発信するのではなく、大勢の専門家が集まって議論し、統一的なワンボイス（一つの声）の意見を打ち出す。政府として一定のコンセンサス（合意）を結んで提言し、政治的判断を加えて皆さんに対策を打ち出す必要がありました。

そこで2月14日、公明党は政府に専門家会議の設置をいち早く呼びかけます。2日後の2月16日には、政府の新型コロナウイルス感染症対策本部による第1回の専門家会議が開催されました。

佐藤　山口代表と公明党が取られた行動は、インテリジェンスの世界で言われるところの

「コレクティブ・インテリジェンス」（Collective intelligence ＝協力諜報《ちょうほう》）、通称「コリント」（COLLINT）の技法です。医師や研究者一人ひとりを見ると、専門分野は詳しくても、専門外の知見については必ずしもそうではないことが往々にしてあります。大勢の専門家を一カ所に集めて集合知として集約すれば、知識の位相は変わってきます。

最近ではＩＴ（情報技術）やＡＩ（人工知能）の分野で「コレクティブ・インテリジェンス」に「集合知」という訳語があてられるようになりました。政治の分野に「コレクティブ・インテリジェンス」の技法を取り入れ、専門家による集合知を政治リーダーが活用していく。その必要性を、公明党がいち早く提唱したことは重要です。

山口　専門家会議の設置を提言するのに先立って、公明党新型コロナウイルス感染症対策本部のメンバーは、専門家と何度も意見交換を重ねてきました。専門家の皆さんから「自分たちの声を集約して発信し、政策として生かせる政治的仕組みを作ってほしい」という要請を受けて、政府に対して専門家会議設置を提言したのです。

佐藤　私が注目しているのは、「専門家に対策を丸投げにするようではいけません。専門家の意見をきちんと消化したうえで、閣僚ではなく総理自身が、きちんと国民に説明する必要があります」と、公明党と山口代表がかなり強く安倍総理に進言したことです。この意味は非常に大きいと私は思います。

山口　新しい感染症が急速に広がる中、国民は強い不安に苛《さいな》まれていきました。専門家の裏づけに基づいて、リーダーが自分の言葉でわかりやすく情報発信する。政治的なリーダーシップを取っていく。そのことが、人々の安心感につながっていきます。

佐藤　公明党が与党であることの真価が、専門家会議の迅速な設置にもあらわれました。公明党がかつてのように野党だったとしても、専門家会議の必要性には当然気づいたでしょう。今回と同様の提言もしていたはずです。でも野党であったならば、政策として実現するまでのハードルはまったく違います。野党からの提言が妥当なものだったとしても、その意見が与党に取り入れられるとは限りません。公明党が与党であったおかげで、危機に瀕《ひん》した日本において、専門家会議がすぐさま招集されたのです。

リーダーの肉声が安心感につながっていく

山口　新型コロナウイルスの感染が広がる中、首長の対応は分かれました。地方の中で早くから感染者が見つかった（2月13日）和歌山県の仁《に》坂《さか》吉《よし》伸《のぶ》知事は、この日のうちに県の幹部を緊急招集し、みずから緊急記者会見を開いて現状の報告と対応をアナウンスしました。こうした姿勢が県民に好感をもたれ、安心感につながっていきます。

北海道の鈴木直道《なおみち》知事も、全国の都道府県に先駆けていち早い感染拡大対策を取りました。みずから記者会見を連日開いて、積極的に協力してくれるよう道民に呼びかけています。

佐藤　2月28日、鈴木知事は北海道独自の緊急事態宣言を出しました。安倍総理が7都府県（東京・埼玉・千葉・神奈川・大阪・兵庫・福岡）で緊急事態宣言を出したのは4月7日、さらに緊急事態宣言を全国に拡大したのは4月16日のことです。国に先駆けて、鈴木知事はかなり思い切った対応へと踏み切りました。

山口　かたや、仁坂知事や鈴木知事とは違う対応をした首長もいます。担当の局長や部長、担当職員に記者会見を任せたのです。彼らにアナウンスしてもらえれば、事実を正確に伝えることはたしかにできるでしょう。でもそれでは市民、住民にメッセージが浸透せず、発信力が消散してしまいます。

国においては、厚生労働大臣が新型コロナウイルス対策について一生懸命発信するのは当然です。そのうえで、最もたいせつなのは安倍総理がみずから発信することだと私は痛感したのです。

佐藤　アメリカでは、ニューヨーク州のアンドリュー・クオモ知事が連日のように記者会見を開いて、新型コロナウイルスとの戦いについて市民に協力を呼びかけていました。

山口　先ほど話題にのぼった専門家会議を、まず政府が設置する。科学的な裏づけに基づいて、政治リーダーが直接国民に語りかける。この二つがたいせつだと公明党は提言し、実際に行われるようになりました。公明党は現場の一人ひとりの心の動きを鋭敏にとらえながら、皆さんが今求めている要望に一つひとつ応えていったのです。

新型コロナは「リスク」以上「クライシス」未満の危機

佐藤　新型コロナウイルスに対する公明党の対応を見ていると、危機の本質について公明党がきわめて正確に認識していたことがわかります。英語の「リスク」(risk)は、予測可能で対応が立てられる種類の「危機」です。それに対して「クライシス」(crisis)は生きるか死ぬかに関わる「危機」のため、先々の予想が正確にできず、対応が容易ではありません。「リスク」と「クライシス」は中身がまったく異なるのに、日本語では両方とも「危機」と訳されてしまいます。

新型コロナウイルスによって今回起きていることは、明らかに「リスク」の閾値《いきち》を超えました。後知恵ではなんとでも言えます。今回の新型コロナがこれほど深刻な感染症に発展するとは、専門家を含めてほとんどの人が予想していませんでした。ＷＨＯ（世界保健機関）ですら、「これはパンデミック（感染症の世界的大流行）だ」と宣言したのは3月11日のことです。「クライシス」という英語は、ギリシャ語の「クリシース」（krísis＝峠、分かれ道）に由来します。よく「今夜は病気の峠だ」とか「今夜が山だ」と言いますよね。峠の分かれ道で道を間違えたら、目的地には到着できません。こういう「生きるか死ぬかのクライシス」のときには、生き残るためならば何をやってもいいのです。

今回の感染症を冷静に見た場合、はたして人間の生死に関わる「クライシス」に相当するとまで言えるでしょうか。結果的に大多数の人々は生き残るわけですし、日本国家がなくなることもない。今回の感染症は「種が絶滅するか否《いな》か」というほど深刻な「クライシス」とまでは言えません。「リスク以上クライシス未満」のレベルの危機です。

公明党は「新型コロナウイルスはリスク以上クライシス未満の危機である」と、状況を非常に適切にとらえていました。だから、いたずらに不安を煽るのではなく、今取るべき方策を冷静に取っていけたのです。「この感染症は今までのインフルエンザとは位相が異なる。特別な対応が必要だ」と認識して、公明党は適切な対応策を取っていきました。

トップダウンではなくボトムアップで危機に立ち向かう

佐藤　山口代表の一連の発言をうかがいながら、「新型コロナが経済にもたらす影響は、リーマン・ショック（08年9月）とは逆だ」という認識をもたれていたことが私にはよくわかりました。リーマン・ショックのときは、国際的な金融危機がまずグローバル企業を直撃して、続いて観光業やサービス業、中小企業の仕事に影響を与えていきました。

山口　今回は経済に与える影響のベクトルが、リーマン・ショックとはまったく逆でした。

佐藤　総合月刊誌『潮』（20年6月号）の論考で、経済学者の飯田《いいだ》泰之《やすゆき》さんが次のように分析しています。

〈今回の金融危機は、日本中にある数えきれない中小企業や個人事業主の資金繰《しきんぐ》りが行き詰まるという形で表れてくる〉

〈町内のミニマムな金融危機が重なると、地方銀行や信用金庫といった地域金融機関が不良債権《ふりょうさいけん》を抱える。すると今度は都道府県単位へと拡大し、それが重なって日本という国の金融危機となる。いわばボトムアップ型の金融危機の恐れがある。その意味で、リーマン・ショック以上の金融危機の瀬戸際にあるのだ〉

まず中小企業の草の根のところから危機が始まり、しばらく経《た》ってじわじわとグローバル企業へと影響を与えていく。中小企業の資金がショートすると、ボトムアップ（下位から上位へ伝わる）の形で金融危機が広がる。山口代表も、こういう認識をいち早くもたれていた。だから、まず中小企業向けの対策を打っていかれたのだと思うのです。

山口　佐藤さんがおっしゃるとおりです。

佐藤　自民党の議員は、一時期盛んに「トリクルダウン」（富める者が得た利益が、貧しい者にまで自動的に滴《したた》り落《お》ちる）という言葉を口にしました。大企業が得た利益が、中小企業にまで、水が滴り落ちるように還元されるというのです。でも実際は、口で言うほどたやすく「トリクルダウン」が起きるわけではありません。危機においてはなおさらです。

　公明党は常日頃から、中央政府から命令を下す「トップダウン型」のやり方をよしとはしていません。公明党はつねに、草の根の現場の声を積み上げる「ボトムアップ型」の政党なのです。つねにボトムアップ型で備えていたおかげで、新型コロナウイルスに瀕した経済危機の根源がどこにあるのか、敏感に察知することができました。

税金支払いの1年猶予と無担保融資

山口　先ほど佐藤さんがおっしゃったとおり、リーマン・ショックは大金融機関から始まり、続いて関連する大手金融機関へと次々とその波動が伝わっていきました。お金の流れが大きなところから滞り、それから実体経済にも影響を及ぼす。「大」から「小」へと影響が広がっていったのです。今回日本経済に起きた影響は、それとは動きが逆です。

まず、インバウンド（外国人観光客）への影響が早くからもろに出ました。1月下旬は中国の春節（２０２０年は1月24～30日の7連休）と重なります。北海道のさっぽろ雪まつり（同2月4～11日）にも、例年と同様に中国から多くのインバウンドが訪れることが期待されていました。そのさっぽろ雪まつりで新型コロナウイルスの感染が広がり、中国政府は日本への海外旅行を抑制する方向へ舵《かじ》を切ったのです。

1月下旬以降、インバウンドはどんどん減っていきました。となると、いちばん先に打撃を受ける事業分野はどこでしょう。観光や飲食、そして交通です。まずこれらの事業者を救済し、負担を軽くしなければなりません。

佐藤　それぞれの地域に根を張る公明党の地方議員、そして国会議員は、新型コロナウイルスによって誰が苦しんでいるのかを皮膚感覚で察知できたのではないでしょうか。

山口　２０２０年3月10日に発表した緊急対応策によって、日本政策金融公庫など政府系金融機関による無利子・無担保融資が始まりました。売り上げが減った事業者（フリーランスを含む）に対して、保証や担保を要求せず、利息をつけない融資を3年間にわたって出すのです。元本返済は最長5年据え置きです。まず政府系金融機関が率先して速やかに融資を進め、民間の金融機関にも追随してもらう流れを作りました。

　新型コロナ危機が始まった2〜3月は、確定申告の期限と重なります。そこで「申告期限を遅らせるように」と公明党が提案して、確定申告の期限が20年3月16日（例年は15日）から4月16日まで1カ月延期されました。期限が過ぎた4月17日以降も、柔軟に確定申告を受けつけました（21年の確定申告期間も4月15日まで1カ月延期された）。

　さらに国税・地方税の支払いを、無担保かつ延滞税なしで1年間猶予しました。固定資産税の減免措置も実施しています。

佐藤　税金の支払い猶予は非常に重要です。商売に行き詰まった事業者が自己破産したとしても、税金だけは自己破産の対象にはなりませんからね。税金の納付を遅らせるのは、国家として政府として、非常に大きな異例の決断です。

山口　年金・医療・介護の社会保険料も、支払いの猶予を認めました。いわば債権者である国が、債権の取り立てを1年間ストップすることにしたのです。

佐藤　こういうときの緊急対策は「適度に」か「足りない」か「やりすぎ」か、いずれかの評価がなされます。危機的状況で「適度に」という政策を立てることは不可能です。予期せぬ感染症によって売り上げが激減した事業者にとっては、「足りない」という対策をやってもらったところで、生き残ることはできません。

公明党が今回取った緊急対策は、ある意味で「やりすぎ」の部類に入ると思います。無利子・無担保融資に税金の支払い猶予、社会保険料の支払い猶予までやるとなると、必ず不正をする人が混じりこんできますからね。不正をまったく起こさないためには、従来どおりのやり方で税金や社会保険料を厳しく取り立てる必要があります。でもそうすれば、多くの人々が苦しんでしまう。

ならば性善説に基づいて思いきった緊急対策をやったうえで、不正は事後にちゃんとチェックすればいい。公明党は総合的な判断をしたうえで、今人々が必要とする仕事を迅速に進めました。

小中高校の臨時休校は是か非か　胃袋がちぎれそうな決断

佐藤　２０２０年２月27日、安倍総理は小中高校の臨時休校を要請し、３月２日から全国いっせいに休校が開始されました。すると２月28日、立憲民主党の蓮舫《れんほう》議員は「説明も法的根拠もなく、保護者が働く状況や公共交通機関の環境も変わらない中で、『子どもだけ家に置いておけ』というのはあまりにも場当たり的すぎる。こんなめちゃくちゃなリーダーシップは無く、すぐに撤回すべきだ」（ＮＨＫニュース）と批判しています。

山口　いきなり休校すれば、学校の教職員や児童・生徒、保護者、出入りの業者がみんな大混乱に陥ります。だけど事前に説明と根回しをじっくりやって、準備を重ねてから休校するとなると、あまりにも手間と時間がかかりすぎるのです。北海道の鈴木直道知事は、２月27日から道内の全公立小中学校の臨時休校を要請しました。そして２月28日には北海道独自の緊急事態宣言を出し、道民に外出自粛を呼びかけています。

　国に先行して進めた北海道の休校措置の推移をよく見たうえで、官邸は全国いっせいの臨時休校を決断しました。その結果、現実に困る部分がいっぱい出てきたため、後ほど述べるように公明党がきちんとケアしていったのです。

佐藤　胃袋がちぎれそうな状況で、公明党はギリギリの判断をしながらよくがんばりました。問題は、野党の政治文化があまりにもひどいことです。新型コロナ危機のような国難においては、政争をやめるのが国際的なスタンダードに決まっています。ところが立憲民主党をはじめとする野党は、休校措置に踏み切ったところで、どうせ2週間で新型コロナウイルスは収まりそうにない。やっと自分たちのところに権力が回ってきそうだ。こうなったら政権を徹底的に叩《たた》いてやれという調子で攻撃を始めました。

山口　あのときは、この期に及んで「コロナも大事だけど『桜を見る会』はどうなった」とか「森友学園問題はどうなった」と声高に叫んでいる野党議員が大勢いました。「今大事なのはそこじゃないだろう。新型コロナウイルスへの対策が、最優先するべき課題だ」と国民は思っていますから、ますます野党から民意が離れていったのです。

子育て世帯を救う日額８３３０円の給付金

山口　学校の臨時休校措置によって、給食関係の出入りの業者は仕事が突然なくなって困ってしまいました。子どもを抱えながら、仕事を休みたくても休めない保護者もいました。そこで休校措置によって仕事を休んだ保護者に対して、１日８３３０円（後に１万５０００円）を上限とする手当を給付することを決めました。フリーランスは、１日４１００円定額（後に７５００円）で給付になりました。野党がまともであれば、本予算の早期成立に協力してもらい、次の補正予算の議論を早く進めたかったのです。ところが野党は「桜を見る会」や森友学園問題を政争の具《ぐ》にして、与党の新型コロナ対策に協力しようとしませんでした。

佐藤　２０１１年の東日本大震災のときは、当時野党だった自民・公明両党がただちに一時休戦し、与党・民主党に協力しています。あのとき震災と原発事故への対応を政争の具にしなかったことが、自公への信頼が高まり、再び政権を担《にな》うことになる大きな理由になりました。野党が本気で権力を奪還したいのであれば、震災直後の自公のように、いったん休戦して新型コロナ対策に協力するべきだったのです。

「軽症者はホテルで経過観察」を実現した都議会公明党

山口　クルーズ船「ダイヤモンド・プリンセス号」では、乗員・乗客３７１１人のうち７

１２人が集団感染する緊急事態に陥りました。大規模なクラスター感染が発生したとき、これほど多くの人数を都立病院や都立施設に収容すれば、病院や施設がパンクして医療崩壊を招いてしまいます。

　そこで都議会公明党のチームは、中等症ないし重症の患者の方にのみ入院してもらい、軽症や無症状の患者は民間のホテルで経過観察するよう提言しました。

佐藤　「ダイヤモンド・プリンセス号」の集団感染は神奈川県が対応しました。次に東京で同じような事態が起きたとき、どうすれば医療崩壊を食い止められるのか。公明党の都議会議員から、実効性のあるアイデアが上がってきたのですね。

山口　専門病床は重症者から優先して診なければいけないのに、軽症者や無症状者まであわてて入院させたら、ベッドがいっぱいになって重症者の命が救われなくなってしまいます。都議会公明党は２０２０年４月２日の緊急要望で小池百合子《ゆりこ》都知事に提案し、東京都が民間のホテルを借り上げて患者を経過観察する「東京モデル」が始まりました。

　新型コロナ対策では、公明党はほかにもきめ細かいアイデアを出しています。４月３日に若い医師たちとのオンライン会議で提案を受け、公明党は４月６日にパルスオキシメーター（血液中の酸素飽和度と呼吸数を測る装置）の配備を訴えました。この機械で数値を測れば、新型コロナウイルスの感染による重症化の兆候をいち早く察知できるのです。翌日の4月7日には、厚生労働省から「療養施設にパルスオキシメーターを配備しましょう」というQ&Aが全国に出されています。

佐藤　指先に挟んで数値を計測する機械ですね。あれは血圧を測るよりも簡単に計測できます。公明党の提言によって、家庭で1台パルスオキシメーターをもつ世帯も増えました。

山口　公明党には医師免許をもつ国会議員もいます。秋野公造参議院議員は、09年の新型インフルエンザ発生時に羽田空港の検疫所支所長として水際《みずぎわ》対策に努めた医師です。熊野《くまの》正士《せいし》参議院議員は、放射線科の専門医です。彼らは日頃から医療関係者との接点が多いですし、すぐに役立つ現場の声がリアルタイムで耳に入ってくるのです。

記者会見の手話通訳にフェイスガードシートを寄付

山口　近年、総理大臣や官房長官の記者会見では、手話通訳が横に同席するのが当たり前になりました。手話通訳は口元の動きと身振り手振りでコミュニケーションを取るため、マスクをつけるわけにはいきません。安倍総理や菅義偉《すがよしひで》官房長官（当時）、都道府県知事が記者会見のときにマスクをつける中、「手話通訳はマスクなしで大丈夫なのか」という心配の声が上がりました。

　すると有限会社タイロン、木村ロール株式会社という中小企業の事業者から公明党に「世界一の透明素材でフェイスガードシートを作りました。試作品ですが、寄付しますから使ってください」という提案があったのです。4月29日、私はフェイスガードシートを作った事業者と一緒に首相官邸を訪れて、サンプル品をお届けしました。「これはいい」ということで、以後寄贈したフェイスガードシートを安倍総理や菅官房長官の手話通訳の人に使っていただいています。

「給付金一人10万円」を安倍総理に決断させた山口代表

佐藤　新型コロナウイルスをめぐる緊急対策の中で、最もインパクトが大きかったのは「一人当たり一律10万円の特別定額給付金」です。3月31日、公明党は安倍総理に一人当たり10万円の給付を提言しました。ところが、4月7日に閣議決定された総額108兆円の緊急経済対策では、一人10万円の給付金は盛りこまれていません。かわりに、所得が減少した世帯に対して1世帯当たり30万円を給付することが決まりました。

4月15日、山口代表は安倍総理と会談して「所得制限なしの一人当たり10万円一律給付」を求めます。さらに翌4月16日、山口代表は再び安倍総理に一人10万円給付をやるよう迫りました。

山口　4月15日の午前中に一人一律10万円の給付を提案したところ、安倍総理は「方向性をもってよく検討をしたい」と答えました。さらにこの日の午後、安倍総理から「自民・公明の政調会長（政務調査会長）同士で話を詰めて、早く結論をもってきてください」と連絡があったのです。ところが自公の政調会長同士で3回も話し合いをしたのに、話が平行線でちっとも前に進みません。

佐藤　「検討します」という言い方は怖いですからね。政治家や役人の世界では「検討した結果だめでした」ということがありますから。

山口　「これではだめだ。やはり大きな決断は政調会長のレベルではなく、トップ同士でやるべきだ」と悟ったのです。そこで翌4月16日の朝に安倍総理に電話をかけて、「今30万円給付をやったら大失敗しますよ」とズバッと直言しました。

佐藤　山口代表の直談判《じかだんぱん》によって、閣議決定された「1世帯当たり30万円の給付」という政策が覆《くつがえ》りました。閣議決定を与党の一員がひっくり返すとは、前代未聞《ぜんだいみもん》の出来事です。

山口　閣議決定の最高責任者は、総理大臣であり与党の党首です。その決定をひっくり返せというわけですから、私としても尋常な決意ではありませんでした。

　減収世帯１３００万世帯を対象として、１世帯当たり30万円を配ると、３兆９０００億円の予算がかかります。一人一律10万円を全国民に配るとなると、必要な予算は12兆８８００億円です。これだけ巨大な予算規模の事業を一瞬で決断するのは、並大抵な政治判断ではありません。一人10万円をもらう今の世代は助かっても、そのツケは子孫に残すわけですからね。でも、これをやらなければどうなっていたでしょう。社会に深刻な分断が生まれていました。

「１世帯30万円」という数字は、自民党の岸田文雄《ふみお》政調会長を通じて４月３日に世の中に発信されています。当初から「それでは一部しか救済されない」とか「要件が複雑でよくわからない」「社会に分断を生む」という批判の声が上がっていました。

　１世帯30万円を給付するかどうか。セーフかアウトかの判断をするのは、自治体の職員です。「30万円は給付しません」と言われた人は自治体の職員を非難し、現場でたいへんな混乱を生んだことでしょう。「１世帯30万円給付」で突っ走っていれば、お金をもらった人ともらえなかった人が幸不幸に分かれて、深刻な分断が起きたことは間違いありません。政府が良かれと思ってやったことによって、社会に不満が募ったはずです。

佐藤　たとえば年収２５０万円の世帯は30万円をもらえて、年収２７０万円の人はもらえなかったとしましょう。年収２７０万円の人は「なんであいつは30万円をもらえたのに、わずかな差のせいでオレはもらえないのか」と恨みつらみの感情を抱くに決まっています。

山口　新型コロナ感染の広がりと緊急事態宣言によって、全業種に深刻な影響が広がっています。日本で暮らす誰もが多かれ少なかれ困っている悲鳴は、党本部にもどんどん伝わってきました。

佐藤　２０１８年４月から３カ月間にわたって、公明党は党を挙げて「１００万人訪問・調査」運動を展開しています。１００万人訪問で現場を回ったばかりだから、公明党には「1世帯30万円給付はちょっと変なんじゃないの」という声がビンビン伝わってきたのではないでしょうか。訪問・調査運動の伝統がある公明党は、大衆の声をキャッチするスピードがほかの政党よりもずっと早いのです。

山口　ええ、そうなのです。ファクス、メール、電話は嵐のようでした。私の携帯電話に直接電話をかけてきた人もいます。これだけ猛烈な反応があるということは、公明党の支持者だけが怒っているというレベルではありません。世の中全体が納得していない証《あかし》です。当初案の「1世帯30万円給付」を強行していれば、取り返しがつかないことになっていました。世論の大きな反発を受けて、政権の維持さえ厳しくなるという危機感を感じるほどでした。

ひとたび決めた大きな決定を覆す。大きな財源を使った結果、子孫に負担を残すことになる。それでも今、目の前に広がる困難と不信の渦を放置するよりも、「1世帯30万円給付」という決断を覆したほうがベターな判断である。そう決断した私は、政治生命をかけて安倍総理に「一人一律10万円の給付」を迫っていきました。あのとき私の心中は葛藤の修羅場でした。

公明党が体現した「君子は豹変す」

佐藤　2020年2月が終わり、3月が終わってもなお、新型コロナウイルスの感染はどんどん拡大する一方でまったく収束しません。極めつけが緊急事態宣言によって、世の中全体の経済が動きを止めてしまいました。誰もが心理的パニックに陥るのは当然です。

「panique」というフランス語は、ギリシャ語の「Panikós」に由来します。頭や腕は人間、脚や角や耳はヤギの形をした「Pan」というヤギの精が憑《つ》き物《もの》になるせいで、みんながあわてて変な動きをしてしまう。4月初めの日本は、まさに国民的なパニック状態でした。

こういうときは、パニックを治めるための大胆な政策が必要なのです。

山口代表からのたび重なる説得を受けて、安倍総理は「君子は豹変《ひょうへん》す」という判断を下しました。君子である公明党代表と日本国総理大臣が、状況に応じて臨機応変に豹変する。これでいいのです。公明党は「1世帯30万円給付」から「一人一律10万円給付」へ豹変しました。これは誰のためだったのか。大衆のためであり、民衆のためです。

こういう判断をしたのは、公明党の路線が揺れているからではありません。「誰のために」というところをちゃんと見ておけば、事柄の本質が見えてきます。公明党はあくまでも中道路線を歩み、その中道路線に安倍総理が賛同したのです。

一部のマスコミは「創価学会を支持母体とする公明党は選挙に強い。その公明党が選挙協力を盾に一人10万円給付を迫ったから、安倍総理が折れた」と書きました。これはあまりにも皮相的ですし、シニシズム（冷笑主義）に支配された見方です。

私はそうではないと見ています。山口代表の話を聞いた安倍総理は、「この意見は正しい」と心底思ったのです。「公明党は大衆と結びついている政党だ。その山口代表が言っていることは正しい」と皮膚感覚でわかったから、安倍総理は路線を大きく変更しました。公明党が国民との回路を結び、国民がいちばん求めている政策を総理大臣が実現する。この流れは、日本にとって非常に良いことではありませんか。

　ところが大新聞の政治記者は、選挙の勝ち負けがどうのこうのと、矮小《わいしょう》なところでしか物事を見ることができないのです。本質において、誰が民衆の立場、大衆の立場に立っているのか。そこに目をやれば、一人10万円給付が政治決断された理由はおのずとわかるはずです。

山口　公明党がつねに考えているのは、「社会に安定をそこなう分断を作り出さない」ということです。軽減税率も「社会に分断を作り出さない」という発想から生み出された政策でした。19年10月に消費税が8％から10％へ増税されたとき、食品や生活必需品の税率は8％に据え置きされています。

佐藤　「キャビアやフォアグラを食べている人にまで、軽減税率の恩恵を受けさせるのか」という批判が当時ありましたが、公明党は値段が高い嗜好《しこう》品を軽減税率の対象から除外するなど、食品の税率に差を設けませんでした。「社会に分断を作らない」ための決断でした。

　今回「一人一律10万円」の意義を、多くの公明党議員が「励ましと連帯のメッセージ」

と語っていたのが印象的でした。政策によって分断から連帯への流れを作っていく。山口代表の決断で、多くの国民が生きる希望をもつことができたのではないでしょうか。

山口　「社会に分断を作らない」という一貫した哲学があればこそ、特別定額給付金10万円の全国民一律給付を実現することができたのです。

公明党でなければできなかったサプライズ

佐藤　「これは連立与党がやることじゃない」と人々をびっくりさせるくらいのことが、2〜3年に一回くらいあってもいいと私は思います。そうでなければ、公明党がふだん日が当たらない場所で積み重ねている努力が、陰徳に終わってしまいますからね。「山口代表は、ここぞというときには言うべきことをきちんと言うのだな」と、多くの人の士気を向上させたと思いますよ。

山口　4月16日に一人一律10万円の給付を決めると、この日に安倍総理は、1都6県から全国へと緊急事態宣言を拡大しました。あとで安倍総理から電話がかかってきて「これでかえって良かったです。国民との距離も縮められましたし、自公の結束もよりいっそう強くなりました」と感謝されました。「君子は豹変す」「過《あやま》ちを改めるに如《し》くはなし」。その結果、皆が喜ぶ一人10万円給付が実現したのです。

外国人と無戸籍者にも10万円を給付する英断

佐藤　一人一律10万円給付は、日本国籍をもつ日本人だけが対象ではないことも重要です。朝鮮籍や韓国籍をもつ在日韓国・朝鮮人（特別永住外国人）、日本で仕事をしている在日外国人まで含め、住民基本台帳への登録があるすべての人を給付の対象としました。さらには出生届が出されておらず、戸籍の記載がない無戸籍の人までも給付の対象となったのです。

　これは政治の大きなドラマであると同時に、公明党の性格をよく示しているのではないでしょうか。10万円給付に国籍条項を設けなかったことによって、公明党はよりいっそう民衆の立場、大衆の立場に近づいたのです。

山口　日本で暮らす外国人の中には、10万円給付について知らない人がいます。「言葉が通じなかったり、政治に関心がなくて知らない人にどんどん教えてあげてください」と言って、公明党の地方議員や支持者が外国人の知り合いや近隣住民に話をしていきました。私のところにも、知り合いの外国人からメールで「山口さん、10万円もらいましたよ！」という声が聞こえてきました。

佐藤　日本で暮らしている在日コリアンや外国人は、日本人と同じように税金を納めている納税者です。その人たちと日本人を分断しない政策でもあります。

山口　「10万円給付について教えてあげたら、外国人の友だちからとても喜ばれましたよ」という波動が次々と伝わってきました。外国人と日本人の間に差別を設けない政策は「誰一人として置き去りにしない」（Leave No One Behind）というＳＤＧｓ（Sustainable Development Goals＝国連「持続可能な開発目標」）の精神にも通じます。公明党の姿勢は、こういうところにもあらわれているのです。

ＤＶ被害者と視覚障がい者も誰一人置き去りにしない

山口　ＤＶ（家庭内暴力）の被害者は、暴力を振るう配偶者に居場所を知られたくありません。世帯ごとに10万円給付の申請書を機械的に郵送すると、世帯主に給付金が独占され、別居する家族に10万円が行き渡らなくなってしまいます。こういう人にもきちんと10万円が行き渡るように、区役所や市役所が手抜かりなく手続きをする仕組みも作りました。

佐藤　こういうかゆいところに手が届くきめ細かい手当ては、公明党にしかできません。

山口　視覚障がい者への対応も、公明党が指示しました。「10万円をもらえます」と郵便で通知をもらっても、視覚障がい者はその通知を読めません。かといって点字で案内を出すのでは、時間がかかりすぎます。実は視覚障がい者のために、年金の給付案内を出すときに音声コードが使われているんですよ。視覚障がい者の方から「10万円給付の通知に音声コードを使っていただけませんか」という声が公明党に届きました。

すでに使われている方法ですから、それを今回の10万円給付に応用するのは決して無理難題ではありません。公明党が政府にそう伝えたところ「たしかにおっしゃるとおりです。視覚障がい者には音声コードを活用するように、全国の自治体に通知します」という流れができました。

佐藤　そこも、きめ細かく大衆の声を拾っていく公明党ならではの仕事です。こういう仕事は、ほかの政党には真似《まね》できません。自民党は企業や経済団体とは太いパイプをもっていますが、一人ひとりの大衆の声への感度が鈍いのです。もし自公連立政権ではなくて自民党だけの単独政権であれば、在日外国人や無戸籍者、ＤＶ被害者や視覚障がい者への配慮は、ここまで迅速に政策に組みこまれなかったでしょう。連立政権であるおかげで、自民党に足りない部分を、大衆政党である公明党がうまくカバーしているのです。

農家を勇気づける「花いっぱいプロジェクト」

山口　公明党議員は農林水産省の「花いっぱいプロジェクト」にも協力しています。新型コロナウイルスの感染拡大でイベントが軒並み中止になり、花の栽培業者も販売業者も大打撃を受けました。そこで農水省がせめてもの励ましの意味をこめて「花いっぱいプロジェクト」を呼びかけたのです。公明党の国会議員全員にケースを配り、みんなでスーツの胸に花を差して業者の皆さんを応援してきました。

佐藤　２０１８～20年に農林水産省の事務次官を務めた末松《すえまつ》広行《ひろゆき》氏と私は、埼玉県立浦和高校時代の同級生なのです。公明党議員の「花いっぱいプロジェクト」サポートには、末松氏もとても感謝していました。

山口　この殺伐とした、息が詰まるような状況の中で、日替わりで毎日花をつければ誰もが心が洗われます。

佐藤　政治リーダーがそうした行動を取ることは、農業者に対するモラル・サポートです。政治家が毎日牛乳を1杯多く飲んだり、花を胸につける。こういう行動によって、農業従事者がどれほど救われることか。「ああ、政治家は我々のことをよく見てくれているのだな」とホッとして、苦難に立ち向かう元気が湧いてきます。

山口　私たちは「寄り添う」という言葉をふだんから気軽に使っていますが、本当に人に寄り添うとはどういうことなのか。陰で苦労し、涙を流している人の心のひだに分け入るように、きめ細かなところまで心を配れるかどうか。小さな仕事を一つひとつおろそかにしない。丹念にやっていく。それが私たち公明党議員の一貫した姿勢なのです。

新型コロナウイルスのワクチンを1億5700万人分確保

佐藤　新型コロナウイルス感染症の猛威は、2021年に入っても収束する様子が見えません。

山口　「三密《さんみつ》」（密閉・密集・密接）を避ける。マスクと手洗い、消毒を徹底する。あるいは極端な場合は、政府が緊急事態宣言を発令して人の動き、社会の動きをいったん止める。感染拡大を防止するためには、こうした施策で対応するほかありません。

　そのうえで根本的には、ウイルスに感染してしまった患者を治療して重症化を防ぎ、あるいはワクチン接種によって未然に防御できる体制が必要です。最終的にワクチンが行き届かなければ、以前と同じような積極的な社会活動、経済活動はなかなか再開できません。とにかくワクチン開発が急務であることは、パンデミックが始まった当初からわかっていました。

佐藤　通常、新薬にしてもワクチンにしても、開発には少なくとも数年はかかります。そこをうんと早回しして、先進諸国はたった1年足らずでワクチンを実用化し、早いところでは20年の終わりから接種が始まりました。

山口　今までの歴史を振り返れば、新種の感染症に対応するワクチンが簡単に作れないことは明白です。効果が高く、しかも副反応がない安全なワクチンを短期間のうちに提供するのは、並大抵のことではありません。まずは感染を収める方向にもっていき、ワクチン開発を同時に進め、しばらく経ってからようやくワクチンを提供し始める。こういう相場観では、猛威を振るう新型コロナの流れを止められそうもありません。

そこで公明党は早くから積極的に「日本もワクチン開発を急げ」と訴え、20年度第2次補正予算（6月12日成立）でワクチン開発・治療薬の予算を６００億円、ワクチン早期実用化のための体制整備に１４５５億円の予算をつけました。

佐藤　アメリカやイギリス、ロシアや中国に任せっきりにするのではなく、日本は日本で独自にワクチン開発をやる体制が作られたのですね。

山口　国際社会と比較すると、日本のワクチン開発はやや出遅れぎみでした。そこで20年7月16日の参院予算委員会で、公明党はワクチン確保の予算措置を政府に強く求め、当時の稲《いな》津《つ》久《ひさし》厚労副大臣（公明党）が政府として初めて「予備費の活用」も含めて対応すると表明しました。以降、遅れていたワクチン開発で先行する国々の製薬会社との交渉が一気に加速しました。日本が優先的にワクチンをもらえるよう、一種の手付金のような基本合意を製薬会社と結んだのです。

20年7月31日には、アメリカのファイザー社と基本合意を結び、21年1月に1億４４００万回（七二〇〇万人）分の供給を受ける契約を正式に結びました。20年10月29日には、アメリカのモデルナ社と正式契約に至っています（５０００万回＝２５００万人分）。同年12月10日には、イギリスのアストラゼネカ社とも正式契約を結びました（1億２０００万回＝

６０００万人分）。

佐藤　１人２回打ちで３億１４００万回分ですから、合計１億５７００万人分のワクチンが確保されたことになります。日本の人口は約１億２６００万人ですから、これで全人口に行き渡るワクチン確保が保証されました。

「COVAXファシリティー」で世界と連帯

山口　日本が全人口分のワクチンを確保できたからといって、これで安心というわけではありません。先行してワクチン開発に成功した先進諸国、オカネがある国だけが助かればいいというわけではないのです。

　２０２０年８月３日、公明党は党内の会合で日本が「ＣＯＶＡＸ《コバックス》ファシリティー」に参加するべきだという意見を打ち出しました。

佐藤　「ＣＯＶＡＸファシリティー」とは、ＷＨＯ（世界保健機関）やＧａｖｉ《ガビ》（ワクチンと予防接種のための世界同盟）が提唱した国際的枠組みですね。ワクチンの研究開発に必要な資金を先進諸国や民間団体から集め、資金をいったんプールする。資金を出してくれた国にワクチンを供給するだけでなく、ワクチンを買い入れる余裕がない途上国に無償でワクチンを供給する取り組みです。

ワクチンを皆で融通し合う〝頼母子講《たのもしこう》〟、沖縄で言うところの〝模合《もあい》〟のようなものだとイメージするとわかりやすいでしょうか。

山口　公明党は20年8月18日、日本政府が「ＣＯＶＡＸファシリティー」に参加するよう政府に提言を申し入れました。そして9月15日には、政府が拠出金１７２億円を支出することを閣議決定し、契約書に署名しています。

9月18日が、参加表明の一応の締切《しめきり》日です。実は8月の段階では「関心はもっているが躊躇《ちゅうちょ》する」という感じで、参加を表明する国がとても少なかったのです。先進国として日本が初めて参加表明に手を挙げたことにより、国際社会の関心がグンと増しました。

特にヨーロッパを中心とする国々で「日本が入るなら我々も入ろう」という流れが生まれ、雪崩《なだれ》を打ったようにドーッ！と参加国が増えたのです。日本に背中を押されて続々と参加表明の手が挙がり、10月7日までに１７０カ国・地域が参加を決め、10月9日には中国も参加する意向を表明しました。これは世界人口の70％をカバーします。

佐藤　アメリカのトランプ政権は一国主義的な観点でしたから、国際協調にはそもそも後ろ向きです。アメリカもロシアも参加を見送りました。そういう中で公明党は、「COVAXファシリティー」の連帯を先導する決定的に重要な役割を果たしています（アメリカのバイデン政権は、21年1月21日に参加の意向を表明）。

おそらく皆さん、今回の動きを「先進国が途上国に救いの手を差し伸べる」という人道上の観点で見ているのではないでしょうか。その見方は正確ではありません。21年1月の段階で、ワクチンの普及がいち早く始まったのはアメリカやイギリスなどごく一部の国だけです。南半球の第三世界ではワクチンはまったく普及しておらず、感染症は今も続いています。

北半球の先進諸国で新型コロナが落ち着いたとしても、南半球で相変わらずパンデミックの状況が続いていれば、ウイルスは早晩北半球に入ってきます。生態系はすべて連関していますから、自国民だけがウイルスを防御できても、パンデミックが収束するわけではありません。

経済的にワクチンを普及させることが難しい国を、外部から物量作戦で支援する。そのことが、めぐりめぐって先進国にとってもプラスになる。こうした生態系の構図が、公明党議員にはよく見えているのです。これは決して「自分のことを心配するよりも先に、他人のことを心配する」という、見た目だけ格好いいことをやっているわけではありません。

パンデミックから自分たちの身を守るためには、「ＣＯＶＡＸファシリティー」のような国際的枠組みが必要不可欠なのです。

山口　20年10月には、「ＣＯＶＡＸファシリティー」を推進するＧａｖｉワクチンアライアンスのセス・バークレーＣＥＯ（最高経営責任者）から「公明党の支援に心から感謝したい」という感謝状をいただきました。

21年夏には、東京オリンピック・パラリンピックを控えています。22年2月には、お隣の中国で冬の北京《ペキン》オリンピックが開かれる予定です。25年4～10月には、大阪万博（万国博覧会）が開かれます。アジアと日本を中心に、国際的な人の流れがここ数年続くわけです。

南半球でパンデミックが収まらなければ、一連の国際行事はとても成功しません。「ＣＯＶＡＸファシリティー」によってワクチンの普及を国際的に進め、なんとしても新型コロナを鎮静化させていきます。

中国、アメリカ、ロシアをどう連帯の輪に巻きこむか

佐藤　新型コロナのワクチンをめぐっては、東西冷戦当時の旧来型の思考は捨てるべきで

す。日本はロシア製のワクチンを、議論の外側に置いてしまっている傾向があります。ロシアも専門家による研究開発の蓄積をもっていますし、ロシア製ワクチンの活用も考慮に入れてもいいのではないでしょうか。

山口　ロシアのミハイル・ガルージン駐日大使から「ロシア製ワクチンの中身について話を聴いてほしい」という依頼があったので、公明党がお招きしてお話をうかがいました（２０２０年12月４日）。12月11日には、イギリスのアストラゼネカ社がロシアと組んでワクチンの共同開発を始めることが発表されています。

佐藤　かつてポリオ（急性灰《かい》白《はく》髄《ずい》炎《えん》・小児麻《ま》痺《ひ》）を予防するために、ソ連の生ワクチンが非常に有効だった時代がありました。ところが東西冷戦構造下だったものですから、「ソ連のものは西側諸国に入れないほうがいい」と日本ががんばってしまったのです。最終的にはソ連の生ワクチンを日本に入れることになりましたが。

　感染症との戦いにおいて、国家の壁は極力乗り越えていくべきです。きちんとした価値観をもつ政治家が意図的に主張しなければ、国家の壁は乗り越えられません。ここも「価値観政党」である公明党の出番なのです。

山口　もはや東西冷戦は30年以上も前に終わったわけですし、わざわざ「第二の冷戦」とも言うべき国家間の対立を作るべきではありません。パンデミックを乗り越える戦いは、普遍的で人道的なテーマです。これは体制や政治イデオロギー同士の競争ではありません。情報はなるべくオープンにしながら、国家間の利害を超克して取り組むべきです。

佐藤　感染症を特定の国と結びつけて議論したり、「武漢」という特定の地名をつける発想自体が、価値観の観点から間違っています。

山口　これまでロシアは、西側の国々との接点が必ずしも十分ではありませんでした。自国で開発した良いものがあっても、ロシアが生産体制を広げ、世界に普及する手段もルートももっていないのです。

　ロシアは新型コロナのワクチン開発において世界で一歩リードしているのですから、ぜひ遅れてでも「ＣＯＶＡＸファシリティー」に参加してほしいと思います。そうすれば、自力ではワクチンを調達できない国の希望になりますし、国際社会の円滑な流れを生み出す要因にもなります。「自国のため」「損か得か」「支援してやるから何かよこせ」という取引をしている限り、パンデミックを制圧するという目的は達せられません。

佐藤　個々の小さな取引ばかりに汲々《きゅうきゅう》として、自分が得をすればいいというだけの態度では、誰からも信用を勝ち得ることができません。「困ったときはお互い様」という形で、お互い助けられるところで惜しみなく助け合う。
「国産ワクチンでなければだめだ」と言ってがんばるのではなく、いたずらに虚勢を張らない。良いものがあるのなら、アメリカのものでもイギリスのものでも中国のものでも喜んで受け入れる。こういう姿勢でなければいけません。

山口　そのとおりです。

佐藤　我々が戦わなければいけない相手は、特定の国家ではなく、国境をやすやすと乗り越えて広がる感染症なのですから。

山口　日本の国際支援は「ＣＯＶＡＸファシリティー」一本やりではありません。日本はすでに１億５７００万人分のワクチンの購入を予約済みですし、ほかに有効なワクチンがあれば、国外であろうが国内産であろうが確保することになるでしょう。
日本のすべての人口に余りある数のワクチンを、私たちはすでに確保しました。ならば日本が取得したワクチンのうち余剰分を、二国間の枠組みでいちばん困っている国に回すことだってできます。そこは柔軟な視点で、「ＣＯＶＡＸファシリティー」と二国間の枠組みの二刀流でやっていけばいいのです。

第2章

公明党に脈打つ人間主義と平和主義

山口那津男　1年生議員としてのスタート

佐藤　山口代表が衆議院議員選挙で初当選を果たしたのは、１９９０年2月のことです。世界史が次々と塗り替えられる激動の時期でした。

山口　衆議院議員の候補者として活動していた89年11月10日、ベルリンの壁が崩壊しました。

佐藤　翌月の89年12月3日には、ブッシュ大統領（父）とゴルバチョフ書記長のマルタ会談によって東西冷戦が終結します。

山口　冷戦構造が音を立てて崩れていく時期でした。衆議院議員1年生の夏、私は国会議員視察団としてヨーロッパへ出かけます。その旅先で、イラク軍によるクウェート侵攻の一報を耳にしました。

佐藤　イラク軍のクウェート侵攻は90年8月2日のことでした。

山口　あのときは「冷戦が終わると、こういうことが起きるのか」と驚きました。他国をいきなり侵略するなんてことは、国際法が存在する世界ではありえない話です。

佐藤　イラクとクウェートは国連加盟国ですからね。こんなことは本来ありえません。

山口　そんな非現実的な侵略戦争が、現実に起きてしまった。冷戦の重しが取れたことがもたらした現象だと感じました。ヨーロッパから帰国すると、秋から「日本はクウェート侵攻にどう対処していくべきか」という議論が始まります。石油資源に依存している日本が、中東で起きていることを知らんぷりするわけにはいきません。

　そこで、90年10月、日本は国連平和協力法という法案を出します。自衛隊が国連決議による軍事行動に後方支援をできるようにするための法案です。90年11月、この法案は国会の論議によって廃案になりました。

　国連は、イラクへの武力行使を容認する安保理決議６７８号を11月に出します。

　翌12月、私は国連訪問団の一員としてニューヨークに赴き、対話による解決を促すためデクエヤル事務総長に会いに行きました。

　事務総長は対話による交渉を進め、91年１月13日にイラクのフセイン大統領と会談します。しかし、この会談による成果はうまく出ませんでした。

佐藤　結局、91年１月17日に多国籍軍によるイラク空爆が始まり、湾岸戦争に突入してしまいます。

山口　日本もアメリカから湾岸戦争への協力を求められたものの、自衛隊は直接の武力行使と一体となる行動はできません。

そこで、日本は国民の理解を得るため、91年2月28日の湾岸戦争終結を見届けて、湾岸平和基金に90億ドル（当時のレートで1兆1700億円）拠出を認める予算を可決した。

しかし、この支援は肝心のクウェートからは評価されませんでした。

佐藤　クウェートは「ニューヨーク・タイムズ」や「ワシントン・ポスト」に広告を出して、湾岸戦争を支援してくれた国々への感謝の気持ちを伝えています。この広告の中に、90億ドルを出した日本の名前は書かれていませんでした。

山口　ただお金を出すだけでは、国際社会から評価してもらえない。これが現実でした。もっと人道的な面で貢献できる道はないものか。初当選から1年経《た》つかどうかという時期に、国際社会で日本が進むべき道について、否応《いやおう》なく真剣に考えざるをえなかったのです。

湾岸戦争直後の中東訪問で山口代表が目にした事実

山口　中東地域の現実はどうなのか。この目で見て、この体で確かめてこよう。そう決意して、湾岸戦争が終わった直後の１９９1年3月5～19日、公明党の1年生議員有志と一緒に私は中東諸国を訪問しました。イラン、エジプト、ヨルダン、サウジアラビア、クウェートを訪れています。

クウェートの油田が焼かれ、流れ出した油によって、現地では深刻な環境汚染と健康被害が起きていました。湾岸戦争によって出た難民を支援することも、中東訪問の重要な目的です。

クウェートの皇太子であり、首相も務めていたサアドという人にも会いました。そのときに「日本の90億ドル支援は、クウェートにとってたいへん役に立つと日本は確信している。『ニューヨーク・タイムズ』に載せた感謝の広告に、日本の名前を入れなかったのはどういうわけだ」と質問をぶつけました。するとサアド首相は「いやいや気にしないでくれ。我々はたいへん感謝している」と言うのです。

「日本の国内では『掃海艇を出して、クウェートの港のまわりにある機雷を除去したらどうか』という意見が出されている。この意見についてどう思うか」という質問もぶつけました。するとサアド首相はこう答えたものです。

「日本にもクウェートを助けてもらいたい。だが、港の機雷については間に合っている。

もうすでにドイツの掃海艇が、港に出入りする船をエスコートしてくれているのだ。機雷よりも困っている問題がある。油田が燃えているせいで、病院に入っている新生児の保育器のフィルターを、1日に何回も取り替えなければいけない状況だ。気管支炎やいろいろな疾患も起きている。そこで日本には、油田の火を消し止めてもらいたい。健康被害をなくしてもらいたい。環境・医療の支援をしてもらいたい。これが私たちの気持ちだ」と。

佐藤　興味深い歴史の証言です。

山口　中東歴訪から帰国したあと、自分で撮ってきた写真をパネルにして、海部《かいふ》俊樹《としき》総理大臣に論戦を挑みました（91年3月27日、衆議院予算委員会）。世界が大きく変わる現実の中で、自分の目と耳で確かめ、五体で感じたことをもとに実体のある政策を提言しよう。公明党の1年生議員だった私にとって、現場主義を徹底する原点となる中東歴訪でした。

「悩む公明、悩まぬ社会党」

佐藤　山口代表のもとで編纂《へんさん》された『大衆とともに――公明党50年の歩み　増訂版』（公明党史編纂委員会、以降『公明党50年史』）を読むと、「悩む公明、悩まぬ社会党」という非常に象徴的な小見出しがつけられています。

山口　当時野党だった公明党は、多国籍軍に90億ドルを支援することに条件つきで賛成しました。キャスティング・ボート（決定権）を握る公明党が反対すれば、90億ドル支援は立ち消えになる局面です。

佐藤　『公明党50年史』にはこう書かれています。

〈社会党は早々に「戦費協力と増税は反対」と頭から決めており、事実上の議論不参加で、「公明党のような〝苦悩〟はない」と報じられた。だが、公明党が90億ドル支援の賛成を決断した時、世論は〝反対〟から〝賛成〟に劇的に変わったのである。二つに割れていた世論を統合し、国民的合意の形成に貢献したのだ〉（164頁）

国際社会が直面する現実の中で、中道主義と自分たちの価値観に基づきながら、どうやって暫定的な解（答え）を探していくのか。90億ドル支援に賛成した公明党の平和主義、人間主義、生命尊重の価値観に揺るぎはありません。

中道主義と中間主義は別です。右と左を足して2で割って、そのときの力関係の真ん中をとればいい。これが中間主義ですよね。どういう解を選択すれば、現実に平和を維持できるのか。悩みながらそこを考え抜くのが、中間主義ならぬ中道主義の選択です。

山口代表のお話をうかがいながら、私は非常に感銘を受けました。燃えている油田の大気汚染によって、子どもたちの気管支がやられていく。社会の中における弱い人たちが、医療の支援を受けられず大変な思いをしている。山口代表をはじめとする公明党の代表団は、湾岸戦争直後の現場でその現実をとらえました。

『公明党50年史』を精読するとよくわかるとおり、黎明《れいめい》期の公明党には、公害と戦ってきた「環境の政党」としての歴史があります。その体験が公明党の組織の中に蓄積されているからこそ、「油田の大気汚染と健康被害をなんとかするために、支援に踏み切るべきだ」という判断ができたのでしょう。イデオロギーにとらわれず、中道主義によって物事を判断する。ここにも公明党らしさが発揮されていると思います。

山口　社会党はイデオロギー政党ですから、「自衛隊は憲法違反だ。自衛隊がやることなすことすべてだめだ」「ましてや海外に自衛隊を出すなんてことは、まかり間違ってもあってはならない」という発想から一歩も抜けられないわけです。だけど当時の公明党の若手議員は「『自衛隊は憲法違反だ』と学者は言うけれど、国民はそうは思っていない。自衛隊の存在をみんな認めているじゃないか。何がいけなくて何が許されるのか、もっと突き詰めて考えるべきだ」という思いで、中東の現場を実際に見に行ったのです。

現地に行って話を聞いてみれば、何も彼らは「自衛隊にも戦闘に参加してほしかった」と言っているわけではありません。「日本にふさわしい支援をしてもらいたい。それは環境だ。医療だ」。これが湾岸の人たちの、偽らざる思いだったのです。

内戦下のカンボジアで会ったポル・ポト派幹部

山口　国会議員になって2年目の1991年7月、カンボジアを訪問したことも印象深い記憶です。88年、PKO（国連平和維持活動）はノーベル平和賞を受賞しました。平和的な国際貢献に役立つため、日本もPKOに参加する余地がないだろうかと考え、カンボジアを訪れたのです。

佐藤　91年7月というと、カンボジアは内戦の真っ最中でした。

山口　カンボジアでは、内戦を争っている四派すべての代表と会うことができました。ポル・ポト派のキュー・サムファン元首相、ソン・サン派のソン・サン元首相、シアヌーク派のイン・キエット元駐日大使、ヘン・サムリン政権のホー・ナム・ホン外務大臣やソク・アン外務次官らと会っています。

思い出深いのは、タイの某所で内密に会ったポル・ポト派のキュー・サムファン元首相です。彼に会ったとき、ストレートにこう訊《き》きました。「早く和平合意を結んでください。そうすれば日本はいろいろな支援ができます。カンボジアの新しい国づくりのお役に立てます。その最初の作業として、国連のＰＫＯが今テーマとして挙がっています。ＰＫＯに日本の自衛隊が参加することについてどう思いますか」と。

カンボジアの人々には第2次世界大戦の記憶がありますから、旧日本軍を連想してもおかしくない自衛隊は「ノーサンキューだ」と言われるかと思ったら、キュー・サムファン元首相は「それはウェルカムだ」と言うのです。彼だけではありません。カンボジア四派すべての代表が「国連のメンバーの一員として自衛隊がカンボジアに来て、我々を助けてくれるのはウェルカムだ」と言いました。「ああ、ここが突破口なのだ。なるほど」と思いました。

佐藤　自衛隊がカンボジアで活動するのは嫌がられるかと思いきや、内戦を争っているカンボジアのリーダーのすべてが逆の反応だったわけですね。

山口　鉄砲を担《かつ》いでやって来て、もしかしたら撃たれてしまうかもしれない。そういう自衛隊はもちろん彼らも嫌です。そのほかの能力をカンボジアの人道・復興支援、自分たちの国づくりに生かしてくれるのは、大歓迎だったのです。国際社会の一員として、国際的な監視のもとでみんなと一緒に活動する。そういうＰＫＯの活動であれば、人道・復興支援の本義から外れる心配はありません。ポル・ポト派のリーダーをはじめ、皆がそう思っていることをカンボジアで確かめることができました。

バングラデシュのサイクロン救出作戦

山口　カンボジアを訪れたのとほぼ同じ時期に、バングラデシュでサイクロン（大型台風）による大きな被害がありました。死者13万人以上に及ぶ甚大《じんだい》な被害です。１９９１年5月、サイクロンの被災地に日本の国際緊急援助隊が入りました。ところが国際緊急援助隊の派遣に関する法律では、自衛隊は参加できないことになっていたのです。日本から参加したのは、消防や警察、医療の専門家による混成チームでした。

　バングラデシュに行っていろいろ話を訊いてみたところ、現場の指揮官からこんなふうに言われたものです。

「日本の援助隊は、たいへん活躍してすばらしい仕事をしてくれます。だけど、日本以外の国はすべて軍隊を派遣しています。日本の国際緊急援助隊は昼間だけ活動して、夕方には帰ってホテルに泊まります。次の日の朝にまた現場に出てきて、夕方になったらホテルに帰るの繰り返しです。ほかの国の軍隊は、離れた島や孤立地域に留まって、24時間自己完結で支援をずっと継続します。こういう仕事は、やはり訓練された軍隊でなければできるものではありません。軍隊のほうが組織的、統合的に統制しやすい」と、これが被災地の現実だったのです。

佐藤　その話を聞いたときに、山口代表の頭の中で「自衛隊も国際緊急援助隊に参加できるようにするべきだ」とひらめいたわけですね。

山口　自衛隊の存在を全否定して「すべてだめだ」と思考停止するのではなく、使える部分はおおいに生かしたらいいと思いました。これだけの大きな組織と予算をもつ自衛隊の幅広い能力を、国際的な緊急援助に生かさない手はありません。

　野党でありながらキャスティング・ボートを握る公明党は、思い切って舵《かじ》を切ることにしました。92年に国際緊急援助隊法を改正して、自衛隊が国際緊急援助隊に参加できる道を開いたのです。頭でっかちな議論だけしていたのでは、こういう決断はできなかったでしょう。世界の現実を自分の目で見て、国際社会で活躍する人たちの意見を聞きながら、現実に日本が国際貢献できる道を公明党が切り拓《ひら》いたのです。

　さらに92年6月には、自民・公明・民社3党の賛成によって、国連平和維持活動（ＰＫＯ）協力法が成立しました。

自衛隊を平和的な国際貢献で生かす

佐藤　キャスティング・ボートを握る公明党がかたくなに反対すれば、国際緊急援助隊法を改正することもできなければ、ＰＫＯ協力法も成立しませんでした。なぜ公明党がイデオロギーでガチガチに凝り固まらず、柔軟な発想で行動できたのでしょうか。それは公明党議員に現場主義が根づいているからです。
　公明党を支持する創価学会のメンバーの中には、現役の自衛隊員の方もいるはずです。自衛隊員でありながら、日蓮《にちれん》仏法を信奉する平和主義者でもある。その自衛隊員の気持ちや、家族の生活について、公明党議員はよくわかっています。極端にイデオロギッシュな日教組（日本教職員組合）流の教育の中で、自衛隊員の子どもが学校で嫌な目に遭うこともあります。そういう話を現場で聞いている公明党議員は、自衛隊員だからという理由で、属性によって特定の人を排除したりしません。

もちろん「軍隊があるほうがいいのか。ないほうがいいのか」と問われれば、誰だって「軍隊のない平和な社会のほうがいい」と言うに決まっています。しかし現実のこの世界では、軍事力、防衛力によって平和が維持されている側面もあるのです。それに憲法9条の体制下で、自衛隊の存在は認められています。

山口　ならばその自衛隊の存在を、どうすれば平和的な国際貢献の道で生かしていけるのか。公明党はそこを現実的に考えて、国際緊急援助隊法を改正し、PKO協力法の成立に賛成したのです。

NATO加盟国議員&ロシア陸軍大将との対話

山口　当時はPKOと国際緊急援助隊の道を開く仕事と併行して、冷戦終結後に変化する世界で対話のチャンネルを開く努力も重ねました。冷戦終結後、ヨーロッパのNATO（北大西洋条約機構）の体制も大きく変化していきます。NATO加盟国の軍人の会議とは別に、当時「North Atlantic Assembly」（北大西洋会議）と呼ばれるNATO加盟国の政治家の会議も開かれていました。この会議に、オブザーバーとして私も何度か参加したことがあります。

現地へ行ってみると、なんとロシアの陸軍大将をトップとするチームがオブザーバーとして参加していました。そこで彼らは堂々と議論し、自分たちの意見を発表するのです。会議が終わると、バーのカウンターで「おまえはどこから来たんだ」「日本から来た国会議員だ」と言って乾杯しながら、率直に意見交換する新鮮な経験もできました。

冷戦が終わり、ソ連が崩壊して、旧社会主義圏はどんどん崩れていく時期です。そんな時期に、ロシア軍のトップが、かつての敵であるＮＡＴＯの議論の場に参加して堂々と意見交換する。それが特殊なこととは思われないのが、国際社会の現実でした。

佐藤　ちょうどＮＡＴＯ加盟国と非加盟国が、ＰｆＰ（Partnership for Peace ＝平和のためのパートナーシップ）という枠組みで議論を進めていた時期ですね。

山口　ええ、ちょうどその時期です。安全保障環境が大きく変化する中、ヨーロッパでは敵方も味方も区別なく、みんなで集まって率直な議論を進めていました。ロシアだけでなく、もちろんアメリカの代表も来ています。「アジアもいずれこういう対話の枠組みを作っていかなければならないな」と思いました。

佐藤　それは非常に重要な考え方です。

安倍総理がイラン・ハメネイ師に会えた理由

佐藤　２０１５年の夏、国会の前で平和安全法制（２０１５年９月に成立）に反対していた人たちは、「自衛隊を地球の裏側まで送れるようにする戦争法案だ」と声を上げました。平和安全法制は戦争法であるどころか、平和をより強化する法制であると私は評価しています。

　平和安全法制が参議院で成立する直前の15年9月14日、山口代表は国会で重要な論戦を展開しました。山口代表と出した1冊目の対談集『いま、公明党が考えていること』でもご紹介した論戦の記録を、もう一度振り返ってみましょう。

〈**山口**　現実に湾岸諸国で、イランなどがホルムズ海峡に機雷を敷設するような国際情勢が想定できるのでしょうか。

岸田文雄外務大臣　政府としましては、イランを含めた特定の国がホルムズ海峡に機雷を敷設するとは想定しておりません〉

〈**山口**　総理、自衛権を使ってこのペルシャ湾で掃海をするということは、今のイラン、中東情勢の分析からすれば、これ想定できるんでしょうか。

安倍総理　ホルムズ海峡における機雷掃海は（七・一閣議決定が定める武力行使のための）新三要件に該当する場合もあり得るものでありますが、今現在の国際情勢に照らせば、現実の問題として発生することを具体的に想定しているものではありません〉（64～65頁）

与党質問で、山口代表が総理大臣と外務大臣から「ホルムズ海峡へ掃海艇を派遣することはない」という言質《げんち》を取った。この意味合いは非常に大きいのです。

この国会論戦に基づく平和安全法制がなければ、19年6月13日に安倍総理がイランを訪問し、イランの最高指導者ハメネイ師と会談することはできなかったでしょう。「日本がホルムズ海峡に自衛隊の掃海艇を送ることはありうる」とか「日本はアメリカと一緒になって、イラン敵視政策に基づく安全保障体制を整えたのだな」とイランから思われていれば、ハメネイ師との会談はありえませんでした。公明党がギリギリのラインで踏みとどまり、平和をより強化する法制を作り上げたおかげで、安倍総理の外交の幅を大きく広げることができたのです。

安倍総理の辞任演説と核廃絶

佐藤　２０２０年８月28日、安倍総理は辞任する意向を表明しました。安倍総理の辞任会見の中で、山口代表の影響が強くあらわれている部分があります。核廃絶です。12年12月に第2次安倍政権が成立した当時、安倍総理の中で核廃絶への思いは強くありませんでした。ところが今では、核廃絶は明らかに大きなテーマになっているのです。辞任演説の一部をご紹介しましょう。

〈核兵器の廃絶、これは私の信念であり、日本の揺るぎない方針でもあります。当然この方針は次の政権でも引き継がれていくものだろうと、こう思います〉

〈核兵器国と非核兵器国の橋渡し役を日本が行いながら、唯一の戦争被爆国として、核の廃絶に向けた努力を重ねていかなければならないと思っています〉（首相官邸ホームページより）

山口　そうでしたね。あの辞任演説の中では、核廃絶にかける強い思いが目を引きました。

佐藤　19年11月25日にローマ教皇と会談したとき、安倍総理はこう述べました。

〈私は、言葉を失います。原爆がもたらした、悲しみと、苦痛の重みに。それを思いやり、大きな心を寄せてくださる、教皇の、祈りの深さに。日本とは、唯一の戦争被爆国として、『核兵器のない世界』の実現に向け、国際社会の取組を主導していく使命をもつ国です。これは、私の揺るぎない信念、日本政府の確固たる方針であります。私たちはこれからも、核兵器国と非核兵器国の橋渡しに努め、双方の協力を得ながら、対話を促す努力において、決して倦《う》むことはないと、ここに申し上げます〉（同）

山口代表とずっと接しているうちに、安倍総理の中で変容が起きたことは明らかです。核廃絶への思いが、年々ぐいぐいと増しているのです。マスメディアの記者は憲法改正や拉致問題、北方領土問題のことばかり書くのですが、あの会見録をもう一回全部きちんと読み直してみると、安倍総理にとってやらなければいけない大きなテーマの一つが核廃絶であることははっきりしています。

安倍総理が掲げる安全保障政策は、もともとタカ派的な性格が強かった。しかしこの7年8カ月の政権を通じて、彼の心の中で占める核廃絶への思いが、ここまで強く大きくなったのです。

山口　過分なご評価、ありがとうございます。

佐藤　日本の総理大臣の中で、辞めるときにここまで「核廃絶は非常に重要な価値観だ」ときちんと言い切った人はいません。これは公明党の人間主義の勝利だと、私は見ているのです。

「ローマ法王」から「教皇」に呼称を変えさせた公明党議員

佐藤　ちなみに２０１９年11月にフランシスコ教皇が来日したときに、安倍政権の中で大きく一歩踏みこんだ変化がありました。明治時代から日本では「ローマ法王」という呼称が使われてきたのですが、「法王」という呼称を「教皇」にあらためたのです。

「法」は仏教の理論《ダルマ》を意味する言葉ですから、キリスト教徒にとっては「法王」という呼び方はだいぶズレて聞こえます。また日本語で言うところの「王」は最高指導者ではなく、あまり位が高くありません。だから日本のカトリック中央協議会は、「法王」という呼称を「教皇」に変えてほしいと、かねてから日本政府に要望していました。

19年3月28日、公明党の高瀬弘美《ひろみ》参議院議員が、国会質問でこの点を取り上げています。

山口　高瀬さんは外務省時代、在アメリカ日本大使館や在東ティモール日本大使館で勤務した経験がある、非常に優秀な議員です。

佐藤　その高瀬議員が「ローマ法王」問題について河野太郎外務大臣に国会質問をぶつけたことが、「ローマ教皇」への呼称変更に大きな影響を与えました。

相手の内在的論理を尊重するのは、国際関係においてきわめて重要です。カトリック教会の要望を日本政府が聞き入れて、呼称を変えたことには大きな意味があります。しかも高瀬弘美議員が所属する公明党の支持母体は創価学会です。別の宗教的バックボーンがある政党の議員が、カトリック教会の内在的論理を尊重して大きな役割を果たした。これは国際的に見て、非常に重要な出来事なのです。

日本の歴史観を変えた安倍総理の「戦後70年談話」

佐藤　核廃絶の一歩前進とともに、安倍総理の大きな業績がもう一つあります。2015年8月14日に発表した「戦後70年談話」です。多くの人は、社会党の村山富市総理が出した「村山談話」（1995年8月15日）のほうが、平和主義的で進歩主義的だと勘違いしています。でも実は、安倍談話のほうが村山談話よりも平和主義的であり、はるかに進歩主義的なのです。村山談話にはこう書かれています。

〈わが国は、遠くない過去の一時期、国策を誤り、戦争への道を歩んで国民を存亡の危機に陥《おとしい》れ、植民地支配と侵略によって、多くの国々、とりわけアジア諸国の人々に対して多大の損害と苦痛を与えました〉（外務省ホームページより）

ここで言う〈遠くない過去の一時期〉とは、日清《にっしん》戦争（１８９４～95年）なのか日露《にちろ》戦争（１９０４～05年）なのか。あるいは満州事変（１９３１年9月18日）なのか。それとも日中戦争（１９３７～45年）なのか。パール・ハーバー攻撃（41年12月8日未明／現地時間12月7日）なのか。シンガポール攻略（42年2月）のときに、米英と和平を結ばなかったことなのか。あるいはポツダム宣言（45年7月26日）をただちに受諾して、ソ連の参戦（8月9日）と原爆投下を防ぐことができなかったことなのか。〈遠くない過去の一時期〉がいったいどの時期を指すのか、よくわからないのです。


安倍総理は「戦後70年談話」で、こう宣言しました。

〈満州事変、そして国際連盟からの脱退。日本は、次第に、国際社会が壮絶な犠牲の上に築こうとした「新しい国際秩序」への「挑戦者」となっていった。進むべき針路を誤り、戦争への道を進んで行きました。

そして七十年前。日本は、敗戦しました。

戦後七十年にあたり、国内外に斃《たお》れたすべての人々の命の前に、深く頭を垂れ、痛惜の念を表すとともに、永劫《えいごう》の、哀悼の誠を捧《ささ》げます〉（首相官邸ホームページより）

　ここでは満州事変が、そもそもの誤りの始まりだったとはっきり言っています。安倍総理は、こういう戦後史観を確定させました。これまた山口代表と公明党が与えた感化の成果であり、公明党の価値観の大勝利だと私は見ているのです。

山口　さらなる過分なご評価をいただき、恐縮です。

佐藤　歴史認識において、おかしな指導者が国を指導して、満州事変を起こしたところから、日本は誤った道を進んでしまった。中国大陸で行った侵略の歴史についての反省を、ちゃんと談話に書きこむことができた。「戦争ほど悲惨なものはない」という公明党の価値観が、安倍総理の「戦後70年談話」に強い影響を与えたのです。

　感化というのは、ある日突然「山口さんの考えを呑《の》みます」と考えを変える形では起きません。政治家としての相手のプライドを尊重しながら、山口代表は徐々に時間をかけて安倍総理の内面に影響を与えていった。形の上だけで変わるのではなく、内部から変容させていった。こうした感化は、価値観政党である公明党にしかできないことだと私は思うのです。

公明党訪米団のアメリカ外交とオバマ大統領の広島訪問

山口　２０１２年12月、自民・公明は民主党から政権を奪還して、第2次安倍政権がスタートしました。翌13年の9月、公明党訪米団はアメリカを訪問しています。ニューヨークでは国連の潘基文《パン・ギムン》事務総長と会談し、核廃絶を訴える「4人の賢人」と呼ばれるうちの一人ヘンリー・キッシンジャー元国務長官ともお会いしました。キッシンジャーさんは「核兵器は非人道的で取り返しのつかない被害をもたらす。核兵器は使ってはいけない兵器だ。廃棄するべきだ」と主張する論者です。

　キッシンジャーさんとお話しする中で、私は「オバマ大統領にぜひ被爆地を訪れていただきたい。そのことをお伝えいただきたい」とお願いしました。「わかりました。オバマ大統領と会う機会があれば、私は必ずそのことを伝えます」とキッシンジャーさんは答えてくれました。

佐藤　09年4月、オバマ大統領はチェコのプラハ演説で「核のない世界」を提唱しました。

その功績によって、この年にノーベル平和賞を受賞しています。退任直前の16年5月、オバマ大統領は現職のアメリカ大統領として初めて広島を訪問し、被爆者と抱擁を交わしました。

山口　キッシンジャーさんにお伝えした公明党のメッセージが、オバマ大統領の行動にどこまで影響を与えたのかはわかりません。ともかく、結果的にアメリカ大統領が被爆地を訪れたことは、歴史に残るたいへんな業績です。オバマ大統領の被爆地訪問は、第2次安倍政権発足当初からの公明党の願いでした。安倍総理もその願いに賛同し、大統領の広島訪問に向けて、かなり強い執念をもって取り組んでくださったのです。

戸田城聖会長の原水爆禁止宣言と公明党

佐藤　公明党の支持母体である創価学会にとって、核廃絶はどういう意味をもつのか。「核兵器は絶対悪である」という公明党・創価学会の価値観は、外部の人間である私から見ると、数学で言うところの「公理系」（その他の命題を導きだすための前提として導入される最も基本的な仮定のこと）に見えるのです。

創価学会の戸田城聖第二代会長は、１９５７年9月8日に「原水爆禁止宣言」を発表しました。この中で戸田会長は〈たとえ、ある国が原子爆弾を用いて世界を征服しようとも、その民族、それを使用したものは悪魔であり、魔ものであるという思想を全世界に広めることこそ、全日本青年男女の使命であると信じるものであります〉と叫んでいます。

どんな理由があろうとも、安全保障の理論の中で核兵器を使うことは絶対に認めることはできない。公明党・創価学会の価値観の根っこには、「原水爆禁止宣言」の精神があるのです。

アメリカはＩＮＦ（中距離核戦力）全廃条約が失効してからわずか16日後となる19年8月18日に、地上発射型中距離ミサイルの発射実験に踏み切り、ロシアも「中距離ミサイルの開発を行う」と表明しました。また２０２０年になって、中国は中距離弾道ミサイルの配備数を増やしているとの報道もあります。

こうした流れの中で、「日本でもまずは中距離弾道ミサイルをもつようにしよう。今のところは核弾頭は装填しないけれども、いつでも核弾頭を装填できる体制を準備しておくべきだ」なんて声が、友党である自民党の一部から出てくる可能性は十分あります。

山口　安全保障の専門家や政治家がそういう意見を主張したとしても、公明党は絶対にくみしません。そういう意見とは、私たちは徹底して戦います。

佐藤　そういう不穏な意見が出てきたときに、時の責任ある立場にいる自民党議員の心の中を「核兵器とは戦わなければいけない」と変容させていける。こういう変化は、価値観政党である公明党にしか起こせません。その変容の兆《きざ》しが、安倍総理の一連の行動、そして辞意表明の演説の中から読み取れるのです。

公明党にとって核廃絶とは「有権者との関係で、少し自分たちの独自色を出そう」というレベルの話ではありません。公明党にとって核廃絶とは、党が生きるか死ぬかというくらい重要なテーマなのです。公明党と組んでいる政党、政権が核戦争を容認する方向に向かうことは、絶対に許してはならない。万が一そんな動きがあったときには、公明党の国会議員も地方議員も職員も、全員一丸となってみんなで体を張って止める。こういう価値観が公明党にはあるのです。

核兵器の不使用へ向けて東京サミットを開く

山口　北朝鮮が核開発に進む中、トランプ政権のアメリカも、中国やロシアも韓国も含めて「北朝鮮の非核化を実現するべきである」というコンセンサス（合意）に揺るぎはありません。単に核保有国が自分たちの地位を保つために「北朝鮮の核開発をやめさせよう」と言っているわけではないのです。唯一の被爆国である日本の主導によって、北朝鮮を取り巻く各国のコンセンサスが生まれました。

　核兵器の全廃と根絶を目的として起草された核兵器禁止条約を50カ国（２０２０年10月24日現在）が批准し、90日を経過した21年1月22日に発効しました。日本がまだ核兵器禁止条約を批准していないことをもって、「核兵器禁止条約に入らない日本政府は悪い。核廃絶を進める気があるのか」と政争の具《ぐ》にしている政党もあります。日本が核廃絶を目指すのは当然です。困難な道を歩みながら、粘り強く非核化を実現する。どうやって核軍縮、核廃絶に結びつけるかが、これからの大きな勝負です。

　公明党は、核兵器禁止条約の発効が視野に入るや政府に緊急提言し、国会の代表質問でも、発効後の締約国会合への日本のオブザーバー参加と広島、長崎への会合招致を求めました。また、日本が核兵器国と非核兵器国との「真の橋渡し」の役割を担《にな》い、核軍縮など国際社会の取り組みをリードするよう促しました。菅義偉《すがよしひで》総理も「核軍縮の進展に向け、国際的な議論に積極的に貢献していく」と応じました。

佐藤　今おっしゃった論点を政争の具にする政党は愚かです。別の問題を例に挙げて言うと、16年5月にヘイトスピーチ対策法ができたとき、「こんなものは理念法じゃないか。具体的な罰則がないヘイトスピーチ対策法は甘っちょろい」と言って厳しく批判した野党がありました。しかし、公明党が主導してヘイトスピーチ対策法を作った結果、世の中はどうなったでしょう。ヘイトスピーチ対策法に基づいて自治体が条例を整備したりと、実際にヘイトスピーチを規制する仕組みが生まれました。

山口　そのとおりです。表現の自由との兼ね合いで、いきなり罰則つきの強い法律を作るのはいかがなものか。罰則がない理念法であっても、ヘイトスピーチを規制する実効性のある仕組みは作れるはずだ。公明党はそう考えて、罰則なしの法律を成立させました。

佐藤　国民の意識が成熟しない段階で核兵器禁止条約に批准したところで、「そんな条約があったの？」と関心をもたれなくなってしまいます。「核兵器禁止条約にただちに参加しないがゆえに、公明党の平和主義は偽物《にせもの》だ」という批判は、政治のリアリズムにおいて無責任な難癖だと思います。

菅政権の自民党と公明党は、アメリカの大統領、中国の国家主席、ロシアの大統領、韓国の大統領、北朝鮮の朝鮮労働党委員長（21年1月10日に総書記に就任）、モンゴル大統領に声をかけて、7カ国の代表が一堂に会する東京サミット（首脳会談）を開いてはどうかと思います。

トランプ大統領と金正恩《キム・ジョンウン》委員長の米朝首脳会談、そして両者の個人的関係によって、朝鮮半島の緊張はかなりの程度緩和されました。それでもまだ緊張は残っています。まず7カ国の代表が一堂に会するメカニズムを日本が作り、この7カ国の間で核兵器の先制不使用、もっと言うと、核兵器の絶対的な不使用を約束して宣言する。相互武力不使用の合意文書を結ぶ。

米中の緊張を緩和し、さらには朝鮮半島を取り巻く信頼醸成装置を作り上げる。ＯＳＣＥ（欧州安全保障協力機構）のような形での「東アジア集団安全保障構想」を、唯一の被爆国である日本から発信していく。この合意を結ぶための努力が、菅義偉政権の重要な課題です。

冷戦期の１９８７年に、アメリカとソ連はＩＮＦ全廃条約を結びました。トランプ大統領が離脱を宣言したため、19年8月2日に同条約は失効しています。こういう不穏な時期に、唯一の被爆国である日本から「東アジア集団安全保障構想」を発信していくことには、大きな意味があると私は思います。

日本は核兵器禁止条約にオブザーバー参加するべきだ

佐藤　２０１７年７月、国連で核兵器禁止条約が採択されました。この功績により、ＩＣＡＮ（核兵器廃絶国際キャンペーン）は、この年のノーベル平和賞を受賞しています。しかし先にも述べたように、日本はまだこの条約を批准していません。

山口　最終的には、日本も核兵器禁止条約を批准するべきであると私は考えます。その前段階として、まずは日本が核兵器禁止条約の締約国会合にオブザーバーとして参加するべきです。

佐藤　すでに条約に批准した締約国の主張を聴きながら、議論の場に加わるわけですね。オブザーバーには議決権はありません。ただし核兵器禁止条約の枠組みの中に入ると入らないとでは、重みは段違いです。たとえ議決権がないにしても「核兵器を使用することは人間として絶対に許されない」という価値観を訴える場ができるわけですからね。

　安全保障上、日本がアメリカの核の傘のもとに入って守られていることは、紛れもない事実です。あたかもその事実がないかのように議論するのは、無責任でしょう。同盟国である日本がアメリカに働きかけて、一歩でも半歩でも核軍縮を前進させる。唯一の被爆国である日本には、その戦いを先導する責任があるのです。

山口　日本政府は核兵器について、非核三原則（「核は保有しない」「核は製造もしない」「核を持ち込まない」）をずっと掲げてきました。これは動かない事実です。もともと日本と核兵器禁止条約との親和性は非常に高いわけですし、オブザーバー国として名乗りを上げるのは当然だと私は考えます。

核拡散防止は世界共通の利益に資する

山口　ＮＰＴ（核拡散防止条約）体制を肯定して、実際に核廃絶を実現するためには、核保有国がすでにもつ核の数を一つずつ減らしていかなければいけません。

佐藤　ＮＰＴは１９６８年７月に作られ、70年３月に発効しました。アメリカ、ロシア、イギリス、フランス、中国の５カ国を「核兵器国」と定め、それ以外の国への核拡散を防ぐ条約です。日本を含め、世界１９１カ国・地域（２０２０年1月現在）が加盟しています。

山口　いきなり核を全廃できればいいとは思いますが、それはあくまでも理想です。核軍縮という過程を漸進的に進みながら、最後はゼロにする。こういう粘り強いやり方でしか、核廃絶は実現できません。

佐藤　現実と理念の間で板挟みに遭い、そのジレンマの中で苦しみながら理想に少しでも近づこうとする。これが政治が果たすべき機能です。

抑止力理論というのは簡単な話なんですよね。私と山口代表が二人とも拳銃の引き金に手をかけて、お互いに相手の額に銃口を当てている。こういう緊張感の中で、実際に引き金が引かれることはないという理論です。抑止力理論には「お互い自分の命はたいせつだ」という前提があります。緊張を打ち破ってどちらかが核ミサイルを発射してしまえば、核の撃ち合いになって両国とも破滅の道です。

ところが世界には「この世の命なんてどうでもいい。私は死んだあと神様のもとに行ける」と確信している集団がいます。あるいは「我々はこの世から消えるけれども、命をかけてアメリカ帝国主義と戦ったわが民族の名前が、歴史に永遠に刻みこまれればいい」という価値観をもつ集団がいる場合、抑止力は機能しません。ここの怖さがあります。

山口　ええ。だから核兵器はなんとしても廃絶しなければいけないのです。

佐藤　アメリカとロシア（旧ソ連）の間で、核抑止力はずっと機能してきました。でもどこかのタイミングで均衡点が崩れる可能性は、いくらでもありますからね。

山口　91年12月にソ連が崩壊したあと、「核の管理が甘くなってテロリストに渡り、現実に使われたらどうしよう」という危険が叫ばれた時期がありました。今だってそういう危険がなくなったわけではありません。

佐藤　ソ連崩壊後の一時期、ウクライナは核をもち続けていました。「核保有によって自分たちの主張を実現しよう」という極端な民族主義者が、ウクライナの中にいたのです。あれは非常に危ない状況でした。

　そこでモスクワに国際科学技術センターを造り、あえていろいろな仕事を作ったのです。１５００ドルとか２０００ドルを、核物理学者に毎月給付していました。極端な話、バケツを作るといった簡単な仕事をやってもらい、給料を支払って核物理学者が食べていけるようにする。そして核の技術をどこかに流出させないようにする。当時、ロシアのエリートたちは核流出を防ぐために、そうやって陰で協力してくれました。ただしあのときは、たまたま運良くその努力がうまくいっただけのことなのです。

中国を核廃絶の対話テーブルに招く

山口　日本政府は理屈の上では「核兵器禁止条約は批准できない」と言っていますけれども、オブザーバー参加を全面否定しているわけではありません。日本は国連総会で、核兵器廃絶決議案を毎年提案し続けてきました。２０１９年12月には１６０カ国が、20年12月には１５０カ国が賛成しています。

この決議案にずっと反対や棄権票を投じているのが、中国やロシア、北朝鮮、キューバです。最近ではベネズエラやシリアも反対派に加わりました。安倍総理が15年に戦後70年談話を出したりと、日中関係を改善するための努力を日本は続けています。中国がそういう日本の姿を見て「日本が主張するとおり、世界の大局は核廃絶へと向かうべきだ」と変わってもらいたいものです。

毎年8月に広島と長崎で開かれる平和記念式典に、中国の要人は参加しようとしません。中国の大使が式典に来たのを、私は一度も見たことがありません。キューバのフィデル・カストロ元国家評議会議長が日本に来たときには、必ず広島に足を運んで「日本は悲惨な体験をしましたね。私は核兵器使用には絶対反対だ」と言っていたものです。

佐藤　そこは毛沢東思想のしっぽが残っているのでしょうね。毛沢東は「第3次世界大戦で核兵器が使われて中国人の半分が死んでも、残りの半分は共産主義の楽園で生きられる」と、とんでもないことを言っていたわけです。

山口　広島平和記念公園の中に、中国人や韓国人の犠牲者の慰霊碑を建てられるように、公明党は運動してきました。実際、私たちは被爆で亡《な》くなった在日外国人の慰霊も行っています。同胞が眠っている場所なのですから、中国はもう少し敬意をはらってもいいのではないでしょうか。

佐藤　古くから中国の友人である公明党からそれを言うことは、日本政府が言うのとは別の意味合いが出てきます。非常に重要です。

大国が果たすべき核廃絶への「責任ある関与」

山口　ＮＰＴの署名がなされたのは、前述のように１９６８年７月のことです。ＮＰＴができる直前のタイミングで、中国は駆け足で核実験を成功させて核保有国になりました。

ＮＰＴができてしまえば、新たに核をもちにくくなります。「国連常任理事国（中国、フランス、ロシア、イギリス、アメリカ）の一つなのだから、今のうちに核をもってしまえ」と考えたのでしょう。

長崎大学核兵器廃絶研究センターの推計によれば、９カ国が合計１万３４１０発もの核弾頭を保有しているそうです（２０２０年６月現在）。ロシアが６３７０発、アメリカが５８００発、中国は３２０発、さらにフランス（２９０発）、イギリス（１９５発）、パキスタン（１６０発）、インド（１５０発）、イスラエル（80〜90発）、北朝鮮（35発）と続きます。

ロシアやアメリカとはケタが一つ違うとはいえ、中国は世界第３位の核保有国です。「自分たちはこれ以上核をもたない」「核保有数は徐々に引き下げる」「核実験はもうやらない」という大義を、中国は発表するべきではないでしょうか。それが大国としての「責任ある関与」だと私は思います。

佐藤　同感です。経済的にも軍事的にも中国がますます超大国へと成長していく過程において、核に関しても「責任ある関与」がよりいっそう求められてきます。

山口　アメリカがＩＮＦ全廃条約から離脱したせいで、19年8月にＩＮＦ全廃条約は失効してしまいました。その隙をついて、中国が核保有能力を伸ばしていくようではいけません。

核廃絶運動にまつわる日本共産党の欺瞞

佐藤　核廃絶に関しては、日本共産党の二面性を指摘しておく必要があります。あの人たちはあたかも、自分たちが一貫して核廃絶を主張してきたかの如《ごと》く喧伝《けんでん》してきました。しかし米ソ冷戦下において、共産党は「社会主義国の核は容認される。正しい核だ」と主張していた政党です。

　そのせいで自民党系の核兵器廃絶・平和建設国民会議（ＫＡＫＫＩＮ）、共産党系の原水爆禁止日本協議会（原水協）、日本社会党・総評（日本労働組合総評議会）系の原水爆禁止国民会議（原水禁）が入り乱れることになりました。原水爆禁止運動の分裂を招いたのは、紛れもなく共産党の責任です。

　なのに途中から立場を変更して、昔のことはなかったかのように平然と振る舞う。こういう基本的な価値観のところでブレる人たちというのは、非常に怖いです。というのも、共産党が今掲げている方針だって、戦術的な変更にすぎない可能性がありますからね。今の共産党が核廃絶を主張しているように見えても、それはあくまでも暫定的な変更であって、「社会主義国の核は容認される。正しい核だ」と主張していた過去に逆戻りする可能性があるのです。

公明党の場合、核廃絶をめぐる議論が政治的、戦術的にブレることはありえません。先ほど触れたように、核廃絶にかける公明党の理念は、創価学会の戸田城聖第二代会長の「原水爆禁止宣言」から一貫しているからです。もしここのところで公明党がブレるようなことがあれば、公明党の存在価値はなくなってしまう。それくらい基本的な理念です。核の問題に関して、公明党は揺るぎない確固たる立場をもっています。公明党は、核廃絶に関してブレがなく一貫している、日本で唯一の政党なのです。

イージス・アショアと「敵基地攻撃能力」論議

佐藤　２０１７年12月、日本はアメリカ製の陸上配備型迎撃ミサイルシステム「イージス・アショア」を導入することを閣議決定しました。総額４５００億円規模の大きな買い物です。イージス・アショアは秋田県と山口県にある陸上自衛隊の演習場に配備される予定でした。

ところが20年6月、報告書に誤りがあったことなどを理由に、防衛省はイージス・アショアの導入を撤回します。日本国家がそれなりの意志をもてば、いったんアメリカと約束したことであっても「これはできません」と覆《くつがえ》せる先例となりました。

イージス・アショアの導入撤回と同時期に、自民党の一部から突如として「敵基地攻撃能力」の話が噴出しました。安倍総理や河野太郎防衛大臣、小野寺五典《いつのり》元防衛大臣らが、敵基地攻撃能力の保有について議論するべきだと相次いで発言したのです。

安全保障をめぐってこの種の議論を始めることは、国家としてありえます。ただし普通の国は閉ざされた扉の中で議論をするにとどめ、表に出す話ではありません。記者会見の場で、総理や防衛大臣が敵基地攻撃能力について突然口にし始める。日本の動きを見て、ロシアや中国は明らかに当惑していました。国策を大変更する重要な話を、マスコミに伝わる場所でいきなり開陳する。これは本気で言っているのか、それとも自分の政治的なポジションを上げるための発言なのか、ロシアや中国から見るとまったくわからないのです。

いきなり「相手の国にミサイルを撃ちこんでやろう」みたいな話が出てくるのは、きわめて現実離れしています。しかも野党ではなく、与党の議員からそういう話が出てきました。公明党は連立与党ですから、「自民党はけしからん。何を言っているのだ」とはなかなか言えません。静かな形で説得を重ね、暴走しかけている安全保障上の議論を、正しい軌道へ、平和な方向へと向けていく。胃袋がちぎれるような仕事を、公明党は着実に遂行しているのです。

「敵基地攻撃能力」を一蹴した公明党の中道主義

山口　佐藤さんから、じつに深刻で大事なご指摘がありました。イージス・アショアと安全保障政策をめぐって出てきた敵基地攻撃能力の議論には、訝《いぶか》しい点がいくつもあります。まず、この話が突然出てきたことには違和感しかありません。

佐藤　連立与党なのですし、こういうことは事前に相談して、ＮＳＣ（国家安全保障会議）できちんとした手続きを踏んだうえで発表するのが普通の国のあり方です。

山口　政府与党で議論を積み上げて、防衛大綱（防衛計画の大綱）や中期防（中期防衛力整備計画）に位置づけて、予算措置を取ってスタートしたのがイージス・アショアの配備計画です。あそこまで大がかりに意志決定したことを、基礎的な報告書の間違いを理由に取り消しにする。これは防衛政策全体に影響を及ぼします。

イージス・アショアの代替えをどうするか議論が詰められていない中、いきなり「敵基地攻撃能力をもつことも選択肢だ」という議論に走る。憲法上の理屈では許されるとしても、現実の政策としては、技術的にも外交的にもありえない話です。

佐藤　もし敵基地攻撃能力が簡単に容認されるのであれば、「憲法上は核保有も核使用も憲法違反ではない」という政府の立場をむき出しにして「日本も核兵器をもったらいいんじゃないか」という乱暴な議論を誘発しかねません。

山口　敵基地攻撃能力の話を突然に始めるのは、あまりにも無定見で浅薄なのです。議論はとても生煮えで及び腰ですし、ここはもっと冷静にしっかり議論を深めていかなければなりません。

佐藤　仮想敵国をもたないのが日本の外交のはずなのに、「敵」とか「攻撃」とかいう物騒な言葉が含まれる敵基地攻撃能力なんて、自民党の政治家が平場で口にするべきではありません。そんなことを言われたら、必ず「敵はどこにいるんですか」という話になりますからね。

山口　「まさかオレの国のことを言っているんじゃないだろうな」と必ず問い返されますよ。

佐藤　それから「基地」と言ってしまうと、サイバーの文脈では話がわかりにくくなります。ハッカーがサイバー戦を仕掛けるときには、発信者がどこにいるのかわからないように、巧妙に身元を隠しますからね。

山口　ハッカーの「敵基地」がどこにあるのかなんて、そもそも簡単にはわかりません。

佐藤　いずれにせよ「敵基地攻撃能力」という発想は、あまりにも時代遅れなのです。こういう時代遅れの発想は公明党が一蹴して、日本は中道主義、現実主義の外交・安全保障へと立ち返るべきだと思います。

「スタンド・オフ・ミサイル」で日本の安全保障を強化した公明党

佐藤　２０２０年12月18日、驚くべき閣議決定がなされました。自衛隊の装備に国産のスタンド・オフ・ミサイルを開発することが決まったのです。

山口　「スタンド・オフ」（stand off）とは「相手の射程圏外にいながら発射できる」という意味の軍事用語です。先ほど話題にのぼったとおり、日本政府は地上型ミサイル防衛システム「イージス・アショア」の配備を断念しました。それに代わる防衛力として、新型イージス艦を2隻建造することとし、併せて、国産のスタンド・オフ・ミサイルを開発することにしたのです。

佐藤　先ほどの繰り返しになりますが、イージス・アショアについての議論に合わせて、自民党議員の一部は「敵基地攻撃能力」というおどろおどろしい言葉を使っていました。日本の外交には「仮想敵をもたない」という大前提があります。なのに「敵」という表現を使うことが、そもそもおかしい。「攻撃」という言い方も、近隣諸国に要らぬ誤解と緊張を招きます。

　他方で北朝鮮の弾道ミサイルが脅威を高めつつある中、日本としては必要かつ十分なさまざまな装備をもたなければなりません。そうした中、静かな形でスタンド・オフ・ミサイルの話が閣議決定に盛りこまれました。メディアではそれほど大きな話題になりませんでしたが、イージス・アショア断念からスタンド・オフ・ミサイル国産開発への大転換は、平和主義の政党・公明党らしい真価があらわれたと思うのです。

　山口代表は弁護士ですから、当然法律に強い。メカにも強くて、安全保障政策についても政界屈指の政策通です。その両方の能力が合わさったからこそ、日本の防衛政策が大きく転換されました。

山口　恐縮します。

佐藤　イージス・アショアの議論には特定秘密保護法の縛りがかかっていますから、ここではざっくりとした話しかできません。そのうえで申し上げますと、イージス・アショアの弾は高すぎるのです。北朝鮮が日本に向けてミサイルを撃ってきたとして、イージス・アショアでは1回で2発ミサイルを撃って迎撃します。１００億円まではいかないにしても、おそらく1回の迎撃で70～80億円くらいはかかるはずです。

日本の防衛予算はガラス張りになっていますから、イージス・アショアにいくら予算をさいているか誰でもわかりますよね。予算の金額を70億円なり80億円で割り算すれば、今日本がもっている弾の数が明らかになってしまいます。北朝鮮がその数より2発多くミサイルをもっていれば、イージス・アショアの抑止力は働きません。

司馬遼太郎《しばりょうたろう》が『坂の上の雲』で、日露戦争当時の二百三高地の戦いについて書いています。戦争の途中で弾切れになってしまったため、中村覚《さとる》少将を中心とする決死隊は全員肩から白襷《たすき》をかけて、無謀にも玉砕しました。イージス・アショアの抑止力に頼っていたら、いざ有事のときに弾切れになって、白襷隊の二の舞になる可能性があるのです。

それからスタンド・オフ・ミサイルであれば、最初はノルウェーから買うにしても、三《みっ》菱重工業《びしじゅうこうぎょう》をはじめとする日本企業でもすぐ造れるようになります。国産化が始まれば、弾の値段はイージス・アショアの数十分の一で済むのです。

　合理的かつ経済的で、国内の産業政策にもなる。近隣諸国との要らぬ緊張をもたらさない。安倍晋三《あべしんぞう》前総理大臣が表明してきた「防衛力の強化」という政策の趣旨も貫徹される。一石二鳥どころか、一石三鳥にも四鳥にもなる知恵をひねり出せる政治家は、今私の目の前にいる山口代表しか思いつきません。

山口　とんでもありません。

核軍縮の観点でも画期的な「スタンド・オフ・ミサイル」配備

佐藤　核軍縮の観点でも、日本がスタンド・オフ・ミサイル導入を決定したのは画期的です。あれがなければ、どこかの国から中距離弾道ミサイルを売りつけられる可能性がありました。そんなものを売りつけられた日には「日本はとりあえず今は核兵器をもてない国ではあるが、この弾道ミサイルにはいつでも核を載せることができますよ」と見られます。するとと周辺諸国との関係が緊張してどうしようもありません。中距離弾道ミサイルは北京《ペキン》まで届きますからね。

山口　安全保障の概念では、「能力」と「意図」が合わさったときに「脅威」が生まれると言われます。Aという国を攻撃する能力をもっていることは否定できないにしても、「私たちはAを攻撃しようという意図はまったくもっていません」という意図を示せば、安全保障上の脅威は発生しません。スタンド・オフ・ミサイルはいわゆる「敵基地攻撃」を目的（意図）とするものではありません。

佐藤　重要なご指摘です。アメリカは日本を完全に破壊できるだけの核兵器をもっています。実際に、過去には広島と長崎で原子爆弾を使いました。しかし、今アメリカの核の脅威を感じている人は日本には誰もいません。それは、アメリカが日本を攻撃する能力をもっていても、日本を攻撃する意図がゼロだからです。

裏返せば北朝鮮との関係においても、北朝鮮が日本を攻撃する意図をゼロにできれば、日本の中で脅威はなくなるのですよね。

山口　防衛省によるたいへん情けなく稚拙なミスが重なったせいで、日本は2020年6月にイージス・アショアの導入を断念しました。これは政治責任を問われかねない問題です。それから年末にかけての短い期間で議論をし尽くしながら、日本はイージス・アショアに代わる最適解を見いだすことができました。

佐藤　与党がやっていることを、何でもかんでも批判するのが野党の仕事になっています。野党からさまざまなことを言われる中、「これは耳を傾けたほうが良さそうだ」という知恵の片鱗《へんりん》が混じり込んでいることがあります。野党の意見にも真摯に耳を傾けながら、日本が危ない方向へ向かわないよう、現実として政府の政策に落としこんでいく。こういう器用な仕事ができるのが、「与党内野党」である公明党の真骨頂なのです。

なおかつ銅鑼《どら》を鳴らして太鼓を叩《たた》いて「これだけの成果が出たぞ！」と大はしゃぎしない。成果が出たあと、何事もなかったかのように静かに次の仕事を続ける。この謙虚さも公明党ならではだと思うのです。

香港の民主化問題と習近平国家主席

佐藤　２０１９年から、香港《ホンコン》では民主化を求める政治運動が激化してきました。当局に異議申し立てをする運動の中で、きわめて暴力的で危険な動きがあることは事実です。もちろん私は、中国当局が香港に対してやっていることがすばらしいと言いたいわけではありません。

香港の問題を語るときに中国を全否定して、「日中関係をご破算にしてしまえ」と言わんばかりの乱暴な議論があります。日中という大きなバスケットの中に入っているたくさんの卵のうち、一つの卵だけがおかしいからといって、バスケット全体をひっくり返していいわけがありません。

近視眼的なナショナリズム（国家主義）と排外主義が高まる中、どうやって日中関係を安定的に維持していけばいいのか。「価値観政党」である公明党の真価が問われてくる局面です。

山口　トランプ政権ができてから、米中関係が経済的にたいへん激しい摩擦を起こしています。新型コロナウイルスの問題とからめて、アメリカは中国に対してさらに激烈な批判を高めてきました。米中の対立が激しくなることは、日本にとって決して得ではありません。日本は中国において、経済的な基盤をかなり浸透させています。
GDP（国内総生産）の世界第1位と2位を占める国としての責任感をもって、米中が世界のリーダー、同志として協調していく。日本が米中の友好的関係構築をリードしていく役割を果たさなければいけません。

20年春に予定されていた習近平《しゅうきんぺい》国家主席の国賓としての訪日は、新型コロナウイルスへの対応のせいでいったんキャンセルせざるをえませんでした。新型コロナの困難をともに乗り越える目標に向けて、日中はしっかり手を携えてやっていくべきときです。

佐藤　それはもう本当におっしゃるとおりです。

山口　中国が新型コロナ蔓延《まんえん》の発生源であることは、紛れもない事実です。その困難を克服するために、中国が先に経験した記録や知識、技術をどんどん世界に役立ててもらわなければなりません。ワクチンや治療薬の開発という部分でも、中国の知見は重要です。

　国際的に引け目と負い目を感じて、中国が一歩後ろに引っこむ必要はありません。大ピンチを挽回《ばんかい》しようと焦《あせ》って、無理にあわてて対策を取るのも困ります。中国が世界とともに手を携えて歩む。その姿勢をしっかり保てるように、日本は中国と行動をともにしていくべきなのです。

佐藤　公明党がもっている大局観と価値観に基づいて、日本は中道外交を進めていくべきです。単に左と右の中間地点あたりを取るという選択ではなく、中道主義と人間主義の価値観に基づいて、ど真ん中を行く。日中関係の堅持のために、特に山口代表の存在感は非常に大きいと私は見ているのです。

朝鮮半島有事を止めたトランプ大統領の功績

佐藤　２０２０年11月３日のアメリカ大統領選挙で、民主党のジョー・バイデン候補が現職のトランプさんを破って勝利しました。21年１月20日に就任式が開かれ、バイデン政権が発足しています。

　４年間のトランプ政権に関しては、感情的にならず冷静に評価するべきだと私は思うのです。彼は戦争が嫌いでした。ここはトランプさんの良かったところです。

山口　トランプさんは実業家の政治家ですから、「戦争なんてものに無駄なカネを使ってどうするんだ」「演習なんて大の無駄遣いだ。そんなものはやめろやめろ」という感覚だったのでしょうね。

佐藤　とにもかくにも、トランプ政権の４年間は朝鮮半島で戦争が起きなかった。この一点において、トランプさんの業績は評価するべきだと思います。

山口　戦争が起きないどころか、18年６月には、シンガポールで史上初の米朝首脳会談が実現しました。19年２月にはベトナムでも２回目の米朝首脳会談が実現しています。19年

6月には、トランプ大統領が板門店《パンムンジョム》の軍事境界線を越えて北朝鮮に足を踏み入れ、金正恩委員長と握手する劇的なシーンもありました。

安倍総理は在任中、ロシアのプーチン大統領と通算27回もの日露首脳会談を対面式で実施しています。新型コロナが感染拡大してからの電話会談も含めれば、首脳会談の回数はさらに増えます。日本とロシアが関係を深めているからといって、トランプ大統領は「世界の安全保障のバランスを崩すからやめろ」という感じではありません。「日本がロシアと仲良くしたいんだったら、やってみれば？」という感じですよね。この点も、過去のアメリカ大統領とトランプさんが違う部分です。

佐藤　トランプさんはある意味で「戦争ほど、残酷なものはない。戦争ほど、悲惨なものはない」という価値観を体現している政治家なのです。「溺れるイヌは徹底的に叩け」と言わんばかりに、みんなでトランプさんを悪く罵るのがブームになっていますよね。それは良くないです。彼がさまざまな問題を抱えた人であることは間違いありません。でもどうにかして無用な戦争を避けるために彼なりに努力をして、その努力は一定の成果を上げました。

ただし、根っこにあるのが実業家のディール（取引）の感覚ですから、核廃絶の重要性をちゃんとわかっていない。だから１９８７年12月にアメリカと旧ソ連が結んだＩＮＦ全廃条約から離脱して、２０１９年８月にＩＮＦ全廃条約を失効させてしまいました。ＩＮＦ全廃条約の意味合いがわかっておらず、そもそもまったく関心がない。この点は問題でした。

「中国封じ込め」から「責任ある関与」への転換

佐藤　トランプさんの再選を阻止するために、民主党はバイデンさんを中心に固まって団結しました。ただし今の民主党は、アイデンティティの政治を追求する政治姿勢です。人種、民族、宗教、出自、ジェンダーなど細かいアイデンティティで細分化していく方向性ですから、なかなかうまく一つにはまとまりません。

　心配なのは、自由とか民主主義という価値観が独り歩きするにつれて、アメリカと中国との軋轢《あつれき》がよりいっそう強まることです。

山口　トランプ政権の4年間を通じて、米中関係の貿易摩擦はかなり深刻なところまで悪化しました。

佐藤　米中の対立関係を、日本がどのようにして緩和していくか。ここは大きな課題です。この点において、中国と深いパイプをもつ公明党が果たす役割は大きいです。

山口　米中の対立構造がこのまま続き、安全保障のみならず経済にまで影響が及ぶのは、世界全体にとって良くありません。米中間で協調を掲げつつ、どう折り合いをつけていくかが課題です。

アメリカはクリントン政権（１９９３～２００１年）のころから「関与政策」(engagement)を主張し始めました。冷戦時代の軍事力を背景にした「封じ込め政策」(containment) ではなく、国際的な貿易や投資に相手国を取り込んでいこうというのが「関与政策」です。

オバマ政権（09～17年）時代も、アメリカは中国に「関与政策」を求めました。「中国は軍事的にも経済的にもこれだけ大きく伸びつつあるのだから、世界のさまざまな課題に関わるべきだ。しかし、ただ関わればいいというものではない。これから大事なのは責任だ。責任を伴う関与だ」というわけです。

トランプ政権の4年間を通じて米中関係が冷えこむ中、21世紀の「第二の冷戦」の当事者になるようでは、中国自身も生き延びていけません。周辺諸国に協調を呼びかけ、中国が「この指止まれ」でリードしても、みんなが中国側になびくこともないでしょう。国際社会の中でやるべきこと、みんなが求めること、みんなが納得することを、理解を得ながらやっていく。そうした行動と振る舞いが、これからの中国にとって大事です。

「新冷戦」か「熱戦」か

佐藤　日本の評論家はよく「新冷戦」という言葉を使います。この言葉を使うときには、少し気をつけなければいけないと私は思うのです。冷戦という概念自体は、戦後のヨーロッパで生まれました。ＮＡＴＯと東側諸国が対峙《たいじ》する形で、米ソの軍事均衡はヨーロッパで成り立っていたからです。アジアにおいては、ヨーロッパのような軍事均衡は成り立ちませんでした。だから朝鮮半島でもベトナムでも、冷戦ならぬ熱戦が起きてしまったのです。

中国とアメリカが対立を強める中、両者の軍事力にはものすごい差があります。すると劣位にある中国側は、当然警戒感を強くもつわけです。シカゴ大学のジョン・ミアシャイマー教授（国際政治学者）は、こんな不穏な見方を示していました。

〈中国側の戦況が不利になったり、米国が東アジアにおける軍事的関与を失ったりした場合、核兵器が使われる可能性が高まると予測しています。本土を直接攻撃するのではなく、海に威嚇発射するような『限定的な核戦争』が起きることを心配しています。米ソ間とは異なり、中国と、米国の同盟国との間の軍事バランスが均衡していないからです〉（20年8月10日「朝日新聞デジタル」）

山口　「限定的な核戦争」とは不穏な未来予測ですね。日本の努力によって、そのような事態はなんとしても防がなければなりません。

佐藤　ミアシャイマー教授は、アメリカと中国との間で冷戦は成り立たないと見ています。中国は極端に劣位にあるから、洋上で抑止力として核兵器を使うくらいのことは十分ありうる。そういう危険性があると警告しています。このような見方を、極論として片づけるべきではありません。中国をそういう状況に追いこまないことが重要です。

中国には、過去に日本の植民地になってきたことへの強い警戒感があります。もう植民地になることはない大きな国になったのに、彼らは自分たちの力を過小評価しているのでしょう。

習近平国家主席が「一帯一路」の戦線を広げすぎてしまったことも、中国の焦りにつながっています。

山口　中国大陸から中央アジア、ヨーロッパへと続く陸側の「シルクロード経済帯」（一帯）

と、中国の海沿いから東南アジア、インド、中東、東アフリカまでを結ぶ海側の「21世紀海上シルクロード」（一路）の経済圏構想ですね。

佐藤　ヨーロッパではすでに「一帯一路」の息切れが起きています。そういう中国が抱えている構造的な問題を、隣国として温かい目で見守る。そして国際政治において、きちんとした形の「ゲームのルール」を確立する手助けをしてあげる。日本がそのように振る舞えば、中国にとってプラスになるのです。

　隣国で暮らす友人としてのアドバイスなのか、あるいは敵対している国の政治家が圧力をかけるのか。アプローチの仕方によって、中国側の受け止め方はまったく違います。ここは論理だけではなく、レトリック（修辞法）が非常に重要になってくると私は思うのです。

　いきなり「お前はウソをつくな」と言ったら「ふざけるな。誰がウソをついているんだ」と相手が怒るのは当然ですよね。「友人同士、お互いに正直にやりましょう」という言い方で対話すれば、相手もそんなに嫌な感じはしません。東アジアの安定のために、日本がこういうアプローチで中国と対話を重ねることが重要です。

バイデン大統領がカトリック教徒であることの大きな意味

佐藤　バイデン新大統領はカトリック教徒です。アメリカ大統領のうちカトリック教徒は、J・F・ケネディとバイデンさんのたった二人しかいません。私はこのことを過小評価しないほうがいいと思うのです。

山口　バイデンさんがカトリック教徒であることによって、国際政治にどんな影響が出てきますか。

佐藤　おそらくはバチカンの中国政策が変わります。アメリカのようなプロテスタント主流の国で、カトリック教徒が大統領になった。カトリックの総本山であるバチカン、そして世界中のカトリック教徒は、価値観の深いところでバイデンさんに深い共感をもっています。

トランプさんは中国の教会にはあまり関心がありませんでした。バイデンさんは本質的なところで関心があります。中国とバチカンの間では外交関係がありませんし、中国はカトリック教会の自由な活動を認めていません。

「中国天主教愛国会」という中国共産党の公認団体である宗教団体があるのですけれども、ここの人事権は中国政府が握っています。バチカンは「教会の人事はこちらでやらせてくれ」と主張していまして、ここが対立点になっているのです。

　バイデン大統領は、ひょっとするとここを軟着陸させることができるかもしれません。バチカンと中国との和解において、彼が仲介役を担って大役を果たす可能性があるのです。

山口　そうなれば、中国が宗教政策を大きく転換する可能性がありうる。

佐藤　ええ、そのとおりです。中国でカトリック教会が公認される動きがあれば、ＳＧＩ（創価学会インタナショナル）も香港とマカオだけでなく、中国本土で自由に活動できるようになるでしょう。

「中国と日本との間で絶対戦争を起こさない」「アジアで二度と悲惨な戦争は起こさない」。ここは公明党にとって一丁目一番地の重要な課題です。政治腐敗との決別も、公明党にとっての一丁目一番地です。そして宗教政策の転換においても、公明党の日中友好外交が大きく生きてきます。

　社会構造が大きく変化していく中で、中国の社会では格差が一気に拡大してきました。急速な都市化に伴うさまざまな問題、公害と環境汚染、伝統的な家族制度の崩壊が、今一気に進んでいるのです。これは戦後から高度経済成長時代にかけて、公明党が伸びてきた当時の日本の状況ととてもよく似ています。

そうしたときに、自分たちが生きていくことの新たな原理、価値観を中国の人々が必要としている。そこに応えていくことが重要です。中国が宗教政策を転換したとき、ＳＧＩがその大きな役割を果たすのではないでしょうか。

第3章

「全世代型社会保障」実現に向けて

コロナ禍で進む四重の格差

佐藤　コロナ禍《か》において、日本国内では二つのことが同時に起きています。第１に、国家機能の強化です。日本国憲法は、国家権力を立法権、行政権、司法権の三つに分けています（三権分立）。コロナ禍という非常事態に際して、司法と立法府に対して行政府が優位になっていることに私は注目しているのです。国家機能のうち行政権が特に強化される中、主要国間の軋轢《あつれき》や争いも強まってきました。この軋轢を解消して、日本は国際平和を実現しなければいけません。

第２に、①国家間の格差②地域間の格差③社会階層間の格差④ジェンダー間の格差という四重の格差が広がっています。こうした状況の中、公明党が「全世代型社会保障」実現に向けてがんばっていることが重要です。公明党は、以前からこのたいせつな政治課題に取り組んできました。コロナ禍において、格差是正は焦眉《しょうび》の課題です。

山口　小泉純一郎政権（２００１年４月～06年９月）のころから、社会保障の財源が不足している問題がずっと議論されてきました。人口減少と少子高齢化が進む中、社会保障にかかる支出は毎年、自然増が続いています。社会保険料による財源だけでは、既存の社会保障制度はとても継続していくことができません。

佐藤　格差が拡大していけば、社会保障の財源はさらに圧迫されていきます。

山口　足らざる財源は国債を発行して、なんとか社会保障を維持してきました。でもこのやり方では、将来の世代に返済の負担を背負わせる一方です。国の借金はどんどん膨らみ、借金の総額は国民の総資産に迫ろうという状況でした。この問題をなんとかしなければいけないという意識は、与野党ともに強くあったのです。

「社会保障と税の一体改革」三党合意を実現した公明党

佐藤　公明党が野党だった２０１２年６月、自民・公明と民主党の野田佳彦《よしひこ》政権は「三党合意」を結び、12年8月に「社会保障と税の一体改革関連法」を成立させました。

山口　私は当時、野党の代表として三党合意に関わりました。菅直《かんなお》人《と》政権の時代に、野田総理は財務大臣を務めています（10年6月〜11年9月）。野田政権が考える「社会保障と税の一体改革」は財政再建のほうに少し力を配分しすぎていて、社会保障の位置づけがやや弱いところがありました。

佐藤　そうでした。「民主党」という名前を聞くと「社会民主主義的な政策と社会保障を重視している」というイメージが先行しがちですが、実際のところ、民主党政権の政策は非常に新自由主義的だったのです。あの人たちは財政再建を非常に重視していました。

山口　かたや当時の野党・自民党の総裁は谷垣禎《さだ》一《かず》さんです。谷垣さんは小泉純一郎政権時代に財務大臣を長く経験しました（03年9月〜06年9月）。谷垣さんはどちらかというと「財政規律は大事だ」という考え方の政治家です。財務省の思惑としては「財政健全化のために消費税を活用しよう」という色が濃かったのですが、公明党は消費税の増税についてはきわめて慎重でした。

消費税は逆進的な税制ですから、所得が低い人ほど負担が重くなる傾向があります。ですから、消費税率をいたずらに上げることには公明党は慎重でした。とはいえ将来を考えれば、消費増税は避けて通れない道でもあります。

私は当時「社会保障を置き去りにした増税は許さない」というメッセージをあえて打ち出しました。年金・医療・介護の三本柱だけでなく、少子化対策を社会保障の4番目の柱としてきちんと位置づけるべきである。少子高齢化が進む中、子育て支援策への財政的な資源配分はあまりにも少ない。公明党はこの点を強く訴えて、年金・医療・介護プラス少子化対策を織りこんだ「社会保障と税の一体改革」という大きな大義名分に、野党として合意することを決めました。

佐藤　三党合意では、消費税率を5％から8％に、そしてさらに10％に上げることを決めています。

山口　消費税の逆進性対策については、自民党・公明党・民主党で意見が分かれていたため、最後まで合意を結べませんでした。自民党は「逆進性対策なんてまだ必要ない」と主張し、民主党は給付付き税額控除《こうじょ》を主張し、公明党は軽減税率の導入を主張しています。逆進性対策については合意を先送りすることになったものの、社会保障と財政再建両方を視野に置いた画期的な三党合意が実現しました。

「公明党こそ三党合意の立役者」「公明党は金メダルだ」との評価

山口　「社会保障と税の一体改革」は二段階で進めました。まずは一体改革の三党合意（2012年6月）、そのあとに、後ほど詳しく述べる逆進性対策と軽減税率の合意が進んでいきます。第１に、与野党が三党合意を結ぶのは容易ではありませんでした。自民党の中には、社会保障の財源に消費税を使うこと自体に反対する人もいます。

佐藤 「経済成長によって税収をまかない、社会保障の財源に充《あ》てればいい」という考え方ですね。

山口 民主党は「無駄を削って財源に充てるべきだ。増税はするべきではない」という主張でした。一般の国民すべてに消費税を課税することは、政治的なハードルがとても高いのです。消費増税を推進した政権は、必ず次の選挙で負けてきましたからね。

中曾根康弘《なかそねやすひろ》政権時代の１９８７年、売上税の法案が国会に提出されたものの、廃案になりました。竹下登《たけしたのぼる》政権時代の88年12月に消費税法が成立し、89年４月から３％の消費税が初めて導入されます。97年４月には、橋本龍太郎《はしもとりゅうたろう》政権が消費税率を３％から５％に引き上げました。

いずれのケースも国民からたいへんな反発を招き、自民党は選挙で厳しい戦いを強いられています。自民党にも民主党にもその記憶が色濃く残っており、消費増税への強い怖《おそ》れがあったのです。もちろん公明党もそうでした。だけれども、社会保障を継続し、子育て支援を続ける財源を捻出するために消費増税に賛同したのです。

佐藤　三党合意を結んだ当時は、衆参両院の議席配分がねじれ状態でしたから、構造的に複雑な状況でした。自民・公明・民主の与野党が合意しなければ、「社会保障と税の一体改革」は国会で成立しなかったのです。

山口　自民党は倒閣運動と政権奪還運動を結びつけて、民主党政権に迫っていく態度を取りました。法案成立直前の最終盤、自民党は参議院で野田佳彦総理への問責決議案を出そうとします。それを出してしまうと三党の議論がストップし、法案が成立しない可能性がありました。だから公明党は、野田総理への問責決議案にはくみせず、問責決議案を提出しないよう自民党にも釘《くぎ》を刺したのです。

佐藤　『公明党50年史』には、森《もり》喜《よし》朗《ろう》元総理が山口代表のことを「金メダル」と絶賛した事実が紹介されています。

〈松田喬和《たかかず》・毎日新聞論説委員は、8月16日夜放送されたテレビ番組（BS11）の中で、3党首会談で改めて早期成立を確認し、10日の成立にこぎ着けるまでの公明党の果たした役割について、森喜朗元首相が山口代表の言動を指して「金メダル」と評したことに言及。森元首相の心情を推し量り、「（民主、自民の）両方を抑えて、土俵を壊さず話し合いを継続し、着地点を探そうとした。（不成立で）国際信用に関わる問題になりかねなかったのを未然に防いだ。その最大の功労者が公明党だ」との認識を表明した〉(『大衆とともに――公明党50年の歩み　増訂版』３０７～３０８頁)

山口　当時野党だった公明党は、民主党政権に何でも物申せる立場です。だけれども「社会保障と税の一体改革」を廃案にせず、年金・介護・医療と子育て支援を強化するため、公明党が立役者として与党・民主党との調整役に徹しました。

「価値観政党」公明党がもつ大局観

佐藤　公明党がいなければ、「社会保障と税の一体改革」は最終的に実現しませんでした。

山口　権力闘争の渦の中に呑《の》みこまれて、法案は廃案になっていたでしょう。

佐藤　ここも公明党が「価値観政党」であることの証《あかし》です。「権力さえ取れればいいのだ」という価値観であれば、あのとき大局観に立って法案成立に協力する必要はありませんでした。でもそういう価値観の政党は、権力を取りたくても、逆に権力から遠ざかっていくのです。日本は民主主義国家ですからね。大衆の利益をどの政党が代表しているのか、大衆はちゃんと見ています。

高級官僚に比べれば、もしかすると一人ひとりの大衆の知識は足りないかもしれません。でも大衆には、生活者の感覚に根ざしたたしかな叡智《えいち》があります。公明党は決して大衆を小馬鹿にしない。大衆の偉大さを、公明党は心の底からよくわかっているのです。「社会保障と税の一体改革」成立へ向けて、民主党への攻撃を一時的に緩めて半歩引く。そのことが近未来の二歩前進につながることが、当時の山口代表と公明党にはちゃんと見えていました。

あのとき公明党には、民主党に言いたいことはいくらでもあったはずです。「今まで我々に何をしてくれたんだ」という思いは、皆さんにはたっぷりあります。野田総理への問責決議案を参議院で出せば「ああスッキリした。気持ち良かった」という気分にはなるでしょう。でもそのせいで「社会保障と税の一体改革」がつぶれて終わりになってしまえば、大衆不在、国民不在の政治です。

山口　ええ。おっしゃるとおりです。

佐藤　公明党に「大衆とともに」という強い価値観があるから、山口代表と公明党はあのような行動を取ったのです。

山口　自民党の一部には「一つの法案を通すよりは政権奪還のほうが大事だ」という意見

も強くありました。合意を結んで法案を通すまでには、自民・公明両党の間でさまざまな異論や激論がぶつかったものです。でもひとたび三党が合意したのだから、そこはブレずにしっかりと法案成立へ向けて仕上げる。公明党は責任をもって行動しました。その結果、公明党の行動が識者から評価され、大衆からの本当の信頼に結びついたのです。

あまりにも節操のない旧・民主党の体たらく

山口　２０１２年８月の国会で「社会保障と税の一体改革」を成立させると、12年12月の衆議院の解散総選挙で自民・公明は民主党から政権を奪還しました。政権奪還に臨む選挙戦の真っ最中、民放テレビの党首討論で安倍《あべ》晋三《しんぞう》自民党総裁が消費増税を否定するような表現をしてしまったことがあります。安倍さんは基本的に「経済成長によって税収増を図ろう」という立場でしたから、生放送中につい本音がポロッと出てしまったのでしょう。

　民放テレビの放送が終わったあと、続いてＮＨＫの党首討論の予定が入っていました。そこで私はすぐに谷垣禎一さん（三党合意を結んだ当時の自民党総裁）に電話をかけて、次のように伝えました。「社会保障と税の一体改革は、自民党も含む政党間の合意です。安倍さんの先ほどの発言はまずい。消費増税に関する発言を直すように、谷垣さんからよく伝えてください」。その後、谷垣さんからしっかり連絡が入ったらしく、ＮＨＫの党首討論が始まる直前、スタジオでお互いに顔を見合わせながら安倍さんから「わかっていますよ」と言われました。

佐藤　それはおもしろい秘話です。自民党の中でも、連絡が悪くなってしまうことがときどきあるんですよね。でもそういうときは、すぐにブレーキをかけて軌道修正してあげればいい。

山口　自民党の中で、いろいろな意見があるのはもちろんいいと思います。でも、ひとたび政党同士で合意に至ったからには、誰が自民党総裁になろうときちんと引き継ぐべきなのです。その点で、いちばん情けないのは旧・民主党ですよ。民主党は自分たちが与党のときに三党合意したのに、野党になったら消費増税に反対するようになりました。

佐藤　「あのときたしかに約束はした。だが『今後も約束を守る』とは約束していない」と言っているようなものですよね。民主党政権時代の衆参両院はねじれ国会です。自民党と公明党に協力してもらわなければ、国会で「社会保障と税の一体改革」を通すことは不可能でした。

山口　野党である自民党と公明党にあれだけ三拝九拝《さんぱいきゅうはい》して「お願いします。社会保障と税の一体改革になんとか協力してください」と依頼してきたのに、自分たちが野党になった瞬間、手のひらを返したように約束を破って崩してしまう。この信念のなさはどうしたことでしょう。ああいう無責任な政党には、二度と政権を渡してはいけません。確信をもって私はそう思います。

佐藤　その後、民主党は立憲民主党と国民民主党に分裂しました。いずれも政党の体をなしていません。所属議員たちは、自分が選挙区で勝てるかどうかという基準だけで離合集散しています。20年9月には、立憲民主党と国民民主党が合併して新・立憲民主党が誕生しました。合併後の党名をどうするかという話し合いのときだって、選挙で自分にいかに利があるかという観点だけで決断したようにしか見えません。

山口　彼らにたしかな価値観と定見がないことの証です。

佐藤　野党の中には、日本共産党という価値観政党があります。昔のコミンテルン（共産主義インターナショナル）の統一戦線工作みたいに、野党連合政権とか言っても、実際は強烈な価値観政党である共産党に引き寄せられていくのです。「野党共闘」と銘打って選挙戦を戦っているうちに、共産党が野党連合政権の意思決定をしてしまっている。この構図に私は危機感を覚えているのです。野党共闘が、自公連立政権に不満を感じている有権者の不満の受け皿になる。その野党共闘の実質的な意思決定は、共産党がしているのです。

もう一つの価値観政党である公明党は、与党の中に身を置いています。国民の側に立った異議申し立てを、静かな形で、なおかつ実効性があるきちんとした形で自民党にぶつけることができる。こういう価値観政党・公明党の存在意義は、日本にとってとても大きいのです。

大衆のために　軽減税率をめぐる公明党の戦い

山口　「社会保障と税の一体改革」に基づいて、消費税率を8％、10％と二段構えで上げていきました。

佐藤　まず２０１４年4月、消費税率を5％から8％に引き上げています。10％への増税は15年10月に予定していたのですが、17年4月まで1年半延期することが決まりました。増税の予定はさらに2年半延期され、19年10月に10％へと増税されています。

山口　安倍さんがどういう個人的な意見をもっていようと、自公連立政権には、三党合意で約束した増税を実行していく責任があります。三党合意を結んだ民主党政権の12年には、経済はまだ決して本調子ではありませんでした。デフレ経済から脱却しきらないときに増税を合意したものですから、所詮は絵に描いた餅だったわけです。

経済が変動、流動する中で、どういうタイミングで税率を引き上げていけば生活者の負担がいちばん軽くなるのか。安倍政権は、経済と社会情勢をよくよく見極めながら判断を重ねていきました。政権がスタートして以降、アベノミクスによってデフレ状況は改善していきます。デフレからの脱却がだいぶ進んだところで、消費税率を８％に上げました。

増税を文字どおりやってみたところ、日本経済の体力がまだ十分ではなかったため、14年４～６月におけるＧＤＰ成長率は前年同月比で７・１％減となり、14年の年間を通した実質ＧＤＰ成長率は０・０％となってしまったのです。増税しても乗り越えられると思っていたら、経済が沈んでしまった。だから10％への増税は、躊躇《ちゅうちょ》して慎重に慎重を期したのです。

佐藤　15年12月、公明党は自民党と財務省の大反対を押し切って、軽減税率の導入を決定させました。消費税率を10％に引き上げるタイミングで、食品（外食や酒類を除く）や生活必需品、新聞代の消費税率が８％に据え置きされることが決まったのです。

軽減税率には、先行者たちによる叡智の蓄積があります。ヨーロッパにおいて、なぜあれだけ軽減税率が定着しているのか。公明党は、ヨーロッパ諸国で導入されている軽減税率に関する調査を丹念にやっていきました。先行者の叡智から学んでいたからこそ、公明党の主張には非常に説得力があったのです。

山口　財務省と自民党の税調（税制調査会）委員は、トータルでなるべく多く税収を確保しようと考えます。だから「軽減税率を導入するべきだ」という公明党の主張には、彼らからとても強い抵抗がありました。

佐藤　消費者の財布のヒモを緩め、自分たちの財布のヒモを締めるのが財務省の仕事ですからね。

山口　だから公明党による政治のリーダーシップが必要だったのです。低い税率のときであれば、全体として負担は軽く感じられます。複数税率にしないほうが徴税も楽です。だけど税率が上がっていくと、そうはいきません。いよいよ税率10％となれば、軽減税率がなければ生活への影響はかなり大きい。公明党は粘り強く、頑強に主張を重ねました。

佐藤　今の日本の税収の状況と人口動態を見ると、いつかというタイミングは別として、消費増税は不可避です。今思うと、本当は5％の段階で軽減税率があれば良かったと思います。今後、日本の消費税率はヨーロッパのように15％、18％と上げざるをえないかもしれません。ヨーロッパ並みの消費税率になったときに、軽減税率が利《き》いていれば、負担はずいぶんと低く感じます。

「たった2％」と思う人もいるかもしれません。でも先々のことを考えたら、今2％分の軽減税率を実行しておくことは、とても大きいのです。新型コロナウイルスの流行によって、すでに皆さんが軽減税率の恩恵を受けました。外食は軽減税率の対象ではありませんから、10％の消費税を取られます。でも外食を自粛してお弁当や惣菜《そうざい》、ハンバーガーやコーヒーを持ち帰れば、軽減税率が適用されて消費税は8％で済みますからね。コロナ禍で食事をテイクアウトする人は、税率の低さを実感したのではないでしょうか。

給付付き税額控除に反対した理由

佐藤　軽減税率を批判する人は「キャビアや高級和牛の税率まで軽減して、そういうものを買う人まで恩恵にあずかれるのはおかしい」と言います。私はそういう批判に対して「いいではないか。軽減税率はすばらしい制度だ」と言いたいのです。どうしてかというと、こういう政策は社会の分断を作りませんからね。

旧・民主党が主張していた給付付き税額控除は、一定額以下の収入の人に適用される「日本型軽減税率」とも言うべき政策です。所得の税額が控除額より多い場合は、税額を控除します。所得の税額が控除額より少ない場合は、その分の手当を給付する制度です。課税所得がない人や低所得者には、税金を取りすぎることなく手当を給付します。

こういう政策は、実は社会に分断を生み出すのです。「社会に分断を生み出してはならない」という点について、公明党は非常に敏感でした。

山口　消費税を支払うときの痛税感は、所得が低い人であれ真ん中くらいの人であれ変わりません。所得が高い人であっても、買い物をするときに「消費税はずいぶん重くなった。財布が痛いな」と躊躇を覚えます。増税によって、経済全体を萎縮させる効果をもたらしてしまっては元も子もありません。増税時の痛税感を和らげる効果が、とても大事なのです。

それよりももっと大事なのは、佐藤さんがおっしゃる「社会に分断を生み出してはならない」という視点でした。民主党が盛んに主張した給付付き税額控除には、二つの欠点があります。第1に、資産も含めて所得が正確に把握されていなければ、公平な調整ができない点です。

日本人の所得の捕捉率は、職業によってバラツキがあります。ましてや資産については、ほとんど正確な把握はできていません。実際は大地主なのに、所得だけ見ると「わずかな年金収入しかない」「この人は所得が少ないですね」という取り扱いになってしまうことがあります。定期的な収入はほとんどないのに、株をいっぱいもっていて、ときどきドサッと儲《もう》かる生き方をしている人もいますよね。こういう人の資産の実態はなかなか見えません。また、所得だって年によって大きく変動します。

佐藤　所得と資産の数字を正確につかむ仕組みが整っていない日本で、給付付き税額控除を導入すればどうなるのか。公平な税制とはなりません。

山口　給付付き税額控除の第2の欠点は、痛税感を緩和する働きが効きづらいことです。

佐藤　税負担と消費支出の調整は、一回こっきりのやり取りで完結してしまいますからね。

山口　消費税を払うたびに「食品や生活必需品の税率が8％で助かるわ」と感じれば、買い物のたびに痛税感が緩和されます。普通の人々の日々の暮らしを考えれば、給付付き税額控除よりも、軽減税率のほうがはるかに有効なのです。旧・民主党の政治家も経済学者も、いかにも理想的な制度であるかのように、理屈っぽく給付付き税額控除の有効性を主張しました。でも最終的には、過半数の世論が公明党の主張に賛成してくれたのです。

公明党の悲願「幼児教育の無償化」

山口　２０１２年６月に三党合意を結んだ当時は、消費税引き上げによって入ってくる増収分の使い道が、財政再建に少し傾きすぎていました。そこで公明党は、第２次安倍政権ができたときの自民・公明連立政権合意（12年12月25日）の中に、「幼児教育の無償化」という文言を入れこんだのです。

正直に申し上げると、自民党からは「そんなこと言ったって大きな財源がかかる。実現可能性は低い」と反対されました。しかし幼児教育の無償化は、日本においていつかは必ず実現しなければいけない課題です。「財源を丁寧に見つけ出しながらやりましょう」と公明党が強く訴えて、なんとか政権合意にねじこみました。

政権合意に入っている以上、どうにかしてやり遂げなければなりません。消費税の財源を生かすことを逃がしたら、新たに兆円単位の税を見いだして幼児教育を無償化するのは、政治的にとても難しい。ならば増税分の使い道を変更するしかない、と公明党は決断しました。

佐藤　こうして19年10月、消費税が10％に増税されると同時に軽減税率が導入され、幼児教育無償化が初めて実現しました。幼児教育・保育が無償化され、20年4月からは低所得者に対する大学などの高等教育の無償化、私立高校授業料の実質無償化も実現しています。「教育の政党」公明党による歴史的な快挙です。

山口　これまで公明党は個別に「低年金者の生活を充実させよう」「無年金者をなくそう」と訴えてきましたし、「介護保険料の負担を調整して軽くしよう」とも言ってきました。「幼児教育無償化に大胆に踏み切れ」とも訴え、今回実現に結びついています。

　すると「軽減税率にせよ幼児教育無償化にせよ、自民党は公明党の言うことばかり聞いているじゃないか」と揶揄《やゆ》する人がいますよね。そこでグランドデザインの見せ方を工夫して、安倍総理は「全世代型社会保障」というビジョンを打ち出しました。公明党が個別にいろいろ訴えてきた社会保障政策を、きれいに「全世代型社会保障」という言葉でくくることにしたのです。消費税の増収分を生かして、「全世代型社会保障」を実現する大きな決断をしました。

佐藤　8％から10％に消費税率が上がっても、以前よりも社会保障が充実すれば、納税者は増税の痛みを受け止めてくれます。

コロナショックで大きく生きた軽減税率

山口　軽減税率を実施するにあたっては、難しい課題もありました。「消費税率が2種類になったら、店で並べる商品を分けるのはとても手間だ。事業者はその負担に耐えきれない」と抵抗する声は数多かったものです。でも公明党はヨーロッパ諸国や韓国に視察に出かけ、軽減税率の実態を現地で調査しました。どうすれば軽減税率を円滑に運用できるのか、すでに導入している海外諸国のやり方を丁寧に調べたのです。

今はコンピュータのソフトが発達しています。補助金をしっかりと用意して、中小企業や小規模企業にまで軽減税率対応レジやソフトを入れられるように、一生懸命キャンペーンを張りました。

佐藤　最初は抵抗感があった事業者も、新しいレジや機械を使って会計してみれば、たいして難しくもありません。ソロバンをはじいて人力でお釣りを計算するのは大変ですが、今は機械が自動的に「これは8％、これは10％」と計算してくれますからね。

山口　そもそも根っこから消費税に反対する勢力は、消費税反対論と結びつけて「軽減税率は手間がかかる」「めんどうだ」「中小・小規模事業者がかわいそうだ」というキャンペーンに作り変えました。そういう批判を克服する実際上の手立てを講じながら、軽減税率を導入したのです。

　小さなお店へ視察に出かけて「どうですか」と訊《き》いてみると、「計算機メーカーにやり方を教えてもらいました」「軽減税率が実施される前の晩に、お店にある10％の商品と8％の商品を分けて、バーコードで値段を読み取れるようにしました。こうすれば全然難しくありませんし、売り上げも税額も全部一目瞭然です」と言われました。これが現場の偽らざる声なのです。

　もちろん増税によって、経済に対する影響はいろいろ出ました。「この調子でいけば、消費税を10％に引き上げた経済ショックを乗り越えられる」という予測が立った矢先に、新型コロナウイルスの危機がやって来てしまったのです。

佐藤　19年10月、公明党が軽減税率と幼児教育無償化を導入してくれたおかげで、コロナショックが直撃しながらも多くの人が救われました。

山口　家計の収入が脅《おびや》かされている中、教育費無償化のおかげでどれほど助かるか。

佐藤　加工食品は軽減税率の対象から外されようとしていたのですが、公明党ががんばったおかげで、加工食品の税率も8％に据え置きされました。財務省と自民党の案のまま押し切られていれば、コロナ禍でテイクアウトした加工食品は軽減税率の対象にはなっていません。惣菜やお弁当を買っても、10％の税率がかかっていたところです。
　あのとき公明党ががんばってくれなければ、コロナショックは今よりもはるかに大きく生活を直撃していました。

第4章

「教育の政党」としてのアイデンティティ

子育て支援は中長期的な成長戦略だ

佐藤　公明党の意見が政策に採り入れられることによって、税の再分配は大衆にとって手厚くなりました。増税されようが教育費がかさもうが、富裕層は自分たちの力でどうとでもやっていけます。問題は、構造的に弱い立場に置かれている人たちです。公明党の目配りは、社会の中でいちばん大変な思いをしている人たちに向いています。

２０１９年10月に実現した幼児教育無償化は、その最たるものです。子どもたちを支援すれば、その子たちは将来納税者になっていきます。つまり幼児教育無償化や高校無償化は、中長期的な成長戦略なのです。

山口　佐藤さんのおっしゃるとおりです。「国債を発行して借金を増やし、子や孫にツケを回すのは良くない」という批判がもともと強くありました。「消費税は所得が低い人にとって負担が重い税金だ。だから消費税率を上げるのは良くない」という批判もあります。

幼児教育無償化や高校無償化を含む「全世代型社会保障」は、「税金の使い道」という視点で見ると、所得が低い人にとって厳しい政策ではありません。子どもや孫を安定的に育てることに税金を使うわけですし、まさしく未来への投資です。
　子どもたちの教育が充実して、将来社会を支える立派な納税者へと育っていけば、未来の世代のために税収を投資できる好循環が生まれます。

佐藤　子育て支援を社会保障の大きな柱に据えていくことは、50年、１００年先の未来を見据えた「国家百年の計」なのです。

司法・立法・行政の三権と「教育権」

佐藤　公明党の創立者でもある創価学会の池田大作第三代会長は、かねてから立法・行政・司法の三権から「教育権」を独立させる「四権分立」構想を提唱してきました。「価値観政党」である公明党の根っこには、「教育権を含めて四権なのだ」「教育は国家にとって最も重要な責務なのだ」という価値観がつねにあるのです。
　今の小学生や中学生は、教科書がタダでもらえるのは当たり前だと思っていますよね。もともと日本では、教科書は無償ではありませんでした。「子どもが使う教科書くらい、親が自分のカネで買うのは当たり前だ」と思われていたのです。そのため貧しさから教科書を揃《そろ》えることすらできず、勉強することが困難な子どもたちが現に存在していました。

日本国憲法第26条には〈義務教育は、これを無償とする〉と書かれています。公明党の黎明《れいめい》期、公明政治連盟（公明党の前身）の柏原《かしわばら》ヤス参議院議員は教科書を無償配布するべきだと国会で訴えました（１９６３年１月）。63年3月の国会質問でも教科書の無償配布を訴え、時の池田勇人《いけだはやと》総理から「教科書無償配布を実施する」という画期的な答弁を引き出しています。

山口　教科書無償配布は63年度から段階的に始まり、69年度にはすべての小中学校の子どもたちに完全実施されました。

佐藤　教科書が無償化されたことによって、どれだけ教育環境が改善したか。歴史に残る偉業です。

山口　親の所得によって教育が左右されるようでは、良い国民は育ちません。親の所得が高いか低いかには関係なく、すべての子どもたちに学ぶ意欲を抱いてもらい、教育のチャンスを等しく普及する。これが国の役目です。

授業料の無償化は、義務教育の対象である小中学校から始まりました。小中学校の授業料を無償化することだけが、日本国憲法第26条（教育を受ける権利と受けさせる義務）の理念ではありません。親の所得によって左右されることなく、幼児から高等教育まで、望む人には教育の機会が与えられる体系を作り上げる。これが公明党の考え方なのです。

価値観教育を力強く後押しする私立高校の無償化

佐藤　中学から高校への進学率は、卒業するかどうかは別としてほぼ99％です。国際社会では、高校は「高等中学校」、すなわち中等教育に位置づけられています。後期中等教育が義務化されていない国は、先進国の中では比較的珍しいのです。

　前期中等教育だけが義務化されていればいいのではなく、実業教育も含めて、後期中等教育までも事実上義務化されたほうがいい。国公立の高校については、無償化はすでに実現しました。私立高校の授業料無償化が遅れていたことが、所得が必ずしも高くない親御さんをとても圧迫していたのです。

山口　２０１７年７月の東京都議会議員選挙で、都議会公明党は「私立高校授業料の実質無償化」をマニフェスト（公約）に掲げました。17年度から年収７６０万円未満の世帯を対象として無償化が実現し、20年４月からは、年収９１０万円未満の世帯まで私立高校授業料の無償化が拡大しています。

佐藤　私立高校授業料の実質無償化は、価値観教育の点からも非常に重要だと私は評価しています。私立の学校は、独自の価値観をもちながら教育をやっていますよね。その価値観教育を受けさせたいと思っても、経済的な事由によって子どもを学校に通わせることができない家庭があるのです。これでは子どもが教育を受ける権利、親が子どもに理想と思う教育を授けさせる権利が侵害されてしまいます。

それから東京都については、公立高校に進学したくとも、すべての希望者が進学できるわけではありません。

山口　地方では公立高校がかなりの進学希望者をカバーしていますが、東京はそうではありません。

佐藤　不本意ながら、公立高校の入学試験に合格できなかったために、私立高校に進学せざるをえない。状況によっては、経済的な理由によって、私立高校に通えなくなってしまう子どももいます。経済的な理由によって、高校に行けない子をなくす。もう一つは、価値観教育を受けられる幅を広げる。公明党による私立高校授業料の無償化は、二重の目配りがなされた非常に良い政策なのです。

年収910万円未満の世帯まで教育無償化を拡大

山口　私立高校については、全国的に見て東京都はかなり特殊な地域です。全高校生の半分以上、6割近くが、公立高校ではなく私立高校に通っています。99％が高校に進学する中で、東京では半分以上が私立高校に通っている。逆に言うと、公立高校が進学したい人の受け皿を用意していないということです。公立高校に入れない人の席は私立で満たされているため、東京都の政策は、公立高校をこれ以上用意する気がありません。

先ほど佐藤さんから「価値観教育」というお話がありました。私立高校は個性的な教育をしています。スポーツが得意だとか、文化芸術が得意だとか、学習が得意だとか、いろいろな特色がある。生徒はその特色を選びたいわけですよね。だけど授業料が高くて選べない。親の所得が低くて選べない。となると、人を育てる教育に偏りが出てしまいます。

佐藤　特に東京都では、私立高校の授業料を無償化する必要がありました。だから都議会公明党は、国に先駆けて私立高校授業料の無償化を進めたのです。

山口　平均値を見ると、東京都の私立高校に通う保護者の所得は高いのです。年収910

万円というラインで線引きすると、私立高校に通うすべての子どもの半分までしかカバーできません。私立高校に通う残り半分の子は、もっと年収が高い世帯なのです。

佐藤　地方都市で暮らす人の年収は、必ずしもそこまで高くありません。年収９１０万円で線引きしたら、多くの家庭が無償化の対象になるのではないでしょうか。

山口　そうなのです。どこの都道府県にも、もともとそれなりの私立高校支援策はあります。でも大部分のケースでは、年収５９０万円未満までが支援の対象でした。年収９１０万円の家庭を支援の対象にするところなんて、どこの地方都市を探してもありません。

だから、いきなり東京都が「年収９１０万円未満の家庭は私立高校の授業料を無償化する」と宣言してしまったら、地方の私立高校に通う家庭に比べてあまりにも不公平感が目立ってしまいます。「東京の財源は余っている。東京は余裕があっていいな」と見られても困りますよね。そこで東京都は、まずは年収７６０万円未満の家庭から私立高校の無償化をスタートさせました。

続いて党首討論（17年10月）で「どこに住んでいても、どこの私立高校に入ったとしても平等な支援策を受けられるようにすべきだ」と訴え、安倍《あべ》晋三《しんぞう》総理が私立高校授業料の無償化へ国ベースで踏み切ってくれたのです。そのため東京都では、国の支援で加わった財源を上乗せして、20年4月からは年収910万円未満の世帯まで私立高校無償化を拡大しました。

あわせて年収が910万円を上回っても、扶養する23歳未満の子どもが3人以上いる多《た》子《し》世帯については、公立・私立を問わず高校生一人につき、公立高校の年間授業料の半分（5万9400円）まで支援を広げています。東京都は、全国でいちばん充実した教育政策を作り上げました。東京都の施策は、いずれ日本の標準施策になっていきます。

佐藤　つまり都議会公明党の仕事は、将来の日本を先取りする新しい施策を生み出す機能をもっているのです。

山口　なおかつ、私立高校が進める教育の内容には都は口を出さない。学校ごとにいろいろな個性があっていい。そのうえで、誰でも学ぶチャンスを得られる支援をする。こういう制度を普及させることができました。これは将来の日本のために、大きな一歩となったと思います。

3歳から18歳まで教育無償化を拡大

山口　3歳から5歳の子は9割以上、ほとんどが幼稚園か保育園いずれかに通っています。

だから幼稚園、保育園ともに幼児教育・保育を無償化しました。親の所得によって教育の機会が差別されず、社会に分断を生まないことが大事だからです。

「教育の機会均等が大事だというなら、全部無償にしろ。0歳から2歳児の幼児保育は無償化されていないじゃないか。高等教育だって、大学生の授業料は無償化されていないじゃないか」と批判する人がいます。0歳から2歳児の保育は、今のところ全国で三十数%でしかありません。4割を超えていない。「生まれたばかりの子どもは親元で育てたい」と考える人が半分以上いるのです。

だから子どもを預けた人だけ保育料を無償化にすると、手元で子どもを育てている人との分断がかえって進んでしまいます。大学も同様です。進学率が以前よりも高まったとはいえ、大学・短大への進学率はまだ55%、半分ちょっとでしかありません。

佐藤　それから大学教育を受けた人の生涯所得は、高卒の人よりも高いという定量的なデータもありますからね。今の段階で大学教育を無償化すれば、55%のより豊かな人へ手厚く再分配することになってしまいます。マクロ的に見て、生涯所得が少なくなる層の人に使えるはずだった税金を、高等教育を受ける人に回すやり方ではたして公平なのか。そこはしっかり議論されなければいけません。

山口　0歳児や2歳児の幼児保育についても、「はたして無償化することが公平な政策なのか」という議論はしなければいけません。

佐藤　0歳から2歳児を保育で扱うときは、幼稚園と保育園を合体したような感じで、比較的費用が高いですからね。私が見ている限り、経済的に余裕がある家庭の収入を0歳児から2歳児の保育料に使っている。あるいは、お父さんの収入はほかの生活費に回し、お母さんが働いている分の賃金を保育料に回すといったケースが多いように思います。

山口　生活も幼児教育も高等教育も、皆さんに公平なチャンスが与えられるようにしなければなりません。だから公明党は、所得が低い人から順番に教育費の無償化をスタートしました。実態としては、所得が低い人ほど教育の機会が奪われやすい。そこから無償化して、優先的に支援していこうと配慮しています。

もちろん財源がもっと豊かになれば、いずれ無償化を広げることはあってもいいでしょう。今は財源に余裕がある状態ではないですし、まずは同じ世代の中の公平感を担保することが重要です。そういう工夫をしながら、「全世代型社会保障」の子育て支援、特に教育に力を入れているのです。

「福祉の政党」公明党の宿願——給食費の無償化

佐藤　２０１９年に、開成学園（開成中学校・高校）の柳沢幸雄元校長と対談する機会がありました。その際、柳沢校長から興味深い指摘をされたのです。

「私立高校の教育費無償化は非常にいいことなんだけど、私立中学の価値観教育が抜け落ちてしまう懸念《けねん》があるんです。開成学園の場合、ＯＢの寄付によってかなりの基金があるので、必要経費は学校の中でまかなえます。でもすべての私立中学がそういうわけではありません。私立中学に進学した子に特定の価値観教育を進めるのは、構造的になかなか大変なのです」と言っていました。

山口　そこは次の課題ですね。

佐藤　ええ。いずれは私立中学についても、教育費の実質無償化を進めてほしいと思います。さらに私が公明党にぜひやってほしいのは、給食費の無償化です。昔と違って、今の給食費は銀行での振り込みが多くなりました。生活が苦しくて給食費を払えない子どもがいても、その実態は外部には見えにくくはなっています。

山口　昔は先生が給食費を集めていました。手渡しで給食費を集めるとなると、先生の事務的な負担が増えます。給食費を払えない人の借金を、先生が肩代わりすることだってあるでしょう。また目に見えるところでお金を集めると、「おまえの家は給食費を払わないのか」といじめられて、納めたくとも納められない児童が悲哀を感じることになります。

佐藤　しかも子どもには責任がないですからね。

山口　私の小学生時代にも、そういう子どもが何人かいました。親から給食費をもたせてもらえなくて、恥ずかしそうにモジモジしているのです。地方自治体レベルでは、公明党の地方議員が給食費の無償化を推進している地域があります。この動きを全国に広げていかなければいけません。

　ただし国全体を見ると、給食費を無償化する以前に、そもそも学校給食を出していない自治体がいまだにあるのです。

佐藤　そうなんですよね。横浜市の中学校では学校給食をやっていないことで知られていて、神奈川県の公立中学校完全給食実施率は44・3％（18年）にすぎません。

山口　学校給食がある自治体だけ無償化すれば、もともと給食を出していなかった自治体が不公平になってしまうのです。母親が仕事をしていて、子どものお弁当を作れない家庭は増えています。だから私は基本的に、学校給食はすべての自治体で整えるべきだと思います。伊豆諸島《いずしょとう》など東京都の離島、沖縄の離島でも、学校給食は１００％実施しているんですよ。なのに都会で学校給食を出せないわけがありません。学校給食を出していない自治体には「ぜひがんばってください」と言いたいです。

佐藤　私もそう思います。

山口　教育費無償化の一環として、給食費はいずれ公的に負担するべきです。現状でも給食費を丸々保護者に負担してもらうのではなく、国が一部を補助しています。何割かは家庭に負担してもらっているやり方を、徐々に変えて負担を軽減するべきでしょう。

佐藤　そこは公明党のがんばりに期待します。

「子ども食堂」と「地域食堂」

佐藤　格差拡大の中で、厳しい家庭環境に置かれている子どもにどうやって手を差し伸べていけばいいのか。ここは公明党が得意とする分野です。器用な親は、たとえ収入がわずかしかなくても、安い食材で工夫しておいしい食事を準備できます。生活習慣弱者の親は、そうはいきません。メンタル面での問題を抱えていて、子どもの食事を準備するどころではない保護者だっています。すると子どもにとって、メインの食事をどこで取るのかという問題が発生するのです。

　困っている子どもに目配りし、子どもたちの声を文字どおりちゃんと吸い上げて政策に生かせば、長い目で見て社会の安定と成長につながっていきます。

山口　ＮＰＯ法人や有志が、企業や個人の支援を受けて「子ども食堂」をやる地域があちこちで増えてきました。母子家庭や父子家庭、未婚のひとり親の家庭では、親が一生懸命働いても生活はギリギリです。すると食事も含めて、子どもの世話に適切な時間と手が回らない家庭もあります。

　子ども食堂は、完全なるボランティアによって始まりました。ある程度社会にニーズがあり、市民社会、地域で歓迎されている以上、子ども食堂を公的に支えていく地域も出てきています。ただし、どこまでが公平なやり方なのかは難しいところです。

佐藤　そこは難しいですね。公的資金を投入して子ども食堂を支えるべきかどうかは、地域の事情によりますから。

山口　ひるがえって考えてみると、大変なのは子どもだけではありません。年老いた老夫婦、高齢者の独居世帯は、自分で食事を作って食べ、片づけるのはとても大変です。買い物に行くのも大変、調理するのも大変、かといって毎回お弁当を買ったり、外食するわけにもいきません。

そういう地域では、子ども食堂ならぬ「地域食堂」が門戸を開いて「どうぞ皆さんいらしてください」と呼びかけて、必要な人には食事を提供することがあってもいいのかもしれません。

佐藤　重要な指摘です。普通のサラリーマンや個人事業主の家庭でも、「今日は友だちと一緒に外でご飯を食べたい」と子どもが言ったときには、喜んで送り出せる。地域の顔見知りと一緒に食事を取れるようにする。これも一つのあり方ですよね。貧困層の家庭の子や、厳しい環境で暮らす高齢者が、安心して食事を取れる場所を地域に設ける。こういう共同体の社会性は、ボトムアップで下から作り上げていかなければいけません。

山口　ちょっと飛躍がある提案かもしれませんけど、入院病床をもっている小さな病院と合わせて「地域食堂」を展開するのも一案かもしれません。小さな病院が栄養士を雇い、必要なカロリーを計算して適切な食事を提供するのはなかなか大変です。「地域食堂」が困窮世帯の子どもに食事を提供し、病院食も提供できれば、病院の負担軽減になります。

あるいは大学食堂が、地域の病院の食事を提供するのもいいかもしれません。可能であれば、一般市民もそこを利用してもらうのです。

佐藤　学食は普通の食堂よりだいぶ割安ですしね。検討に値するアイデアだと思います。

子どもの貧困と大人の貧困　「未婚のひとり親」支援

佐藤　「自分の子どもの給食費くらい親が出せ」という乱暴な議論をするべきではありません。人にはそれぞれ複雑な事情があるのですから、給食も「全世代型社会保障」の枠組みに入れて考えるべきです。

子どもを入り口として入っていくと、実はその先にある大人の貧困の問題にもつながっていきます。子どもの貧困の陰には、必ず大人の貧困が隠れているものです。子どもの問題は、子どもの自己責任のせいで起きているわけではありません。大人の貧困によって子どもにまで累が及んでいるのであれば、「全世代型社会保障」の枠組みの中で解決していくべきです。人としての尊厳、幸福をどうやって社会全体で守っていけばいいのか。政治家にたしかな価値観がなければ、こういう仕事はできません。

山口　ひとり親家庭の子どもは、最も貧困に陥りやすいのが現実です。公明党は一貫して、特に女性のひとり親への支援を充実させてきました。

佐藤　そこもとても重要です。

山口　未婚の母子家庭は、もともと支援が不公平でした。所得税や住民税には「寡婦（寡夫）控除《こうじょ》」と呼ばれる控除の仕組みがあります。

佐藤　配偶者と死別したり離婚した人の所得から、一定額の税負担を減らす仕組みです。世の中には、未婚のひとり親がいるわけですよね。そういう人よりも、たとえ形だけでも一回結婚しておいた人のほうが有利になってしまう不公平な制度でした。

山口　この制度は時代にそぐわないということで、公明党が２０２０年3月に改正を成し遂げました。「寡婦（寡夫）控除」を「ひとり親控除」にあらため、婚姻歴も性別も問わず、所得税や住民税に控除を認めます。

もともと「寡婦（寡夫）控除」という概念が出てきた背景には、戦後に戦争未亡人が多かったことがありました。戦争未亡人を救済するために、こういう税制が作られたのです。高度成長期を通じて、社会に未婚のひとり親が増えていきました。公明党は一貫して「未婚のひとり親家庭も公平に扱うべきだ」と主張し、今回ようやく制度改正に至ったのです。

公明党の主張に対して「そういう制度は未婚の出産を奨励することになり、家族の在り方が崩れる」と批判する議員が一部にいました。自民党にはそういう古い家族観をもった人がけっこう多いのです。公明党は現場の声をよく知っていますから、「そうじゃない。社会の実情は変化しているのだ」と説得を続け、「ひとり親控除」が実現しました。

公明党は、ひとり親家庭の子どもさんへの児童扶養手当も加算しています。ひとり親家庭の命綱である児童扶養手当は、1961年にスタートしました。第1子への児童扶養手当は、現在、月額で最大4万3160円です。2016年5月の改正によって、第2子は月額最大1万190円、第3子以降は月額最大6110円と、児童扶養手当の加算額を倍増させました。給付と税制の両方で、ひとり親家庭を助けていこうという取り組みです。

佐藤　新型コロナウイルス危機によって、そういう家庭がいちばん深刻な打撃を受けました。シングルマザーは、パートなど非正規雇用で働いている人が多いですからね。新型コロナウイルスのせいで、雇用が失われたひとり親はたくさんいます。

山口　2020年度の補正予算案では、所得が低いひとり親世帯に5万円、第2子以降は一人につき3万円ずつの臨時給付金を出し、児童扶養手当をさらに特別に加算する取り組みも始めました。ひとり親世帯が置かれた実態をよく見て、実態にふさわしい中身に制度を変えていく。これが公明党の一貫した取り組みです。

シングルマザーへの公明党議員の目配り

佐藤　自民党に限らず、野党の中でも腹の中に古い家族観が隠れている政治家はいます。表面上は優しく見えても、「自分はひとり親家庭より一段高いところにいる」「高みから恩恵的に恵みを与えてやる」と思っているのです。

「寡婦（寡夫）控除」をあらためるからといって、何も政府がひとり親家庭を奨励しているわけではありません。ちょっとめぐり合わせが違えば、誰だって未婚のひとり親になる可能性があります。自分はそういう環境に置かれることなく、今の安定的な地位をつかめたのかもしれません。だからといって、政治家がその地位に安住して想像力を失ってしまうようではいけない。大変な状況に置かれて苦しんでいる人に共感する能力が、政治家には求められるのです。

山口　男女の仲には、他人には推し測れないいろいろな経緯がありますからね。「結婚という形で実を結ぶ生き方が、正しい生き方だ」とか「そうじゃない生き方はだめだ」とか、そんな見方はあまりにも偏狭《へんきょう》です。婚姻届は出さないけれども、父親と母親がちゃんと尊重し合って、お互い自立的な生き方を望む人だっています。

佐藤　私の知人の中にも、そういう人が実際にいます。

山口　個人の生き方に他人が口出しして干渉し、自分の考えを押しつけるべきではありません。そのうえで、子どもを育てることにおいて差別があってはならないのです。

佐藤　公明党は、相対的貧困がもつ深刻な問題をわかっている数少ない政党です。「今日食べるご飯がない」「今晩の寝床がない」という絶対的貧困の問題については、「今すぐ救いの手を差し伸べるべきだ」という社会的コンセンサス（合意）を得やすいですよね。でも中央値の半分に満たない収入で暮らす相対的貧困については、なかなか「支援が必要だ」という理解を得られにくいのです。

　相対的貧困の家庭は、見た目では苦しい生活をしていることがよくわかりません。フリーマーケットやメルカリを使って安く服を買い、学用品を買えば、外面的には相対的貧困が見えづらいのです。でもそういう家庭では、お稽古ごとや塾にまでお金が回りません。その子が学習塾やピアノ教室に通いたくても、可能性を生かすことができないのです。

　そこのところを「貧しい家庭に暮らす者がぜいたくを言うんじゃない」と抑えてしまう

傾向は、保守政党の自民党にはけっこう強くあります。相対的貧困まで含めて、貧困の問題について幅広く見ることができている。ここが公明党の強さなのです。

インフラの国土強靭化と「心の強靭化」

佐藤　自公連立政権ではなく、新自由主義的な政権であれば、コロナ禍《か》が起きたときのショックは今の数倍はあったでしょう。人間主義の価値観政党である公明党が連立与党の一員であるおかげで、コロナ禍のショックを和らげる土壌となったのです。

　医療にしてもそうですよね。アメリカのように「金持ちを優先して診療する。お金がない人は後回しだ」という新自由主義的な医療であれば、日本はもっと大変な状況になっていました。公明党は「危機に直面したときに強い国をつくる」という意味でも、大きな役割を果たしています。

　重要なのは、公明党がハード面（インフラ面）での強靭《きょうじん》化を進めるだけでなく、ソフト面での「心の強靭化」を重視していることです。

山口　東日本大震災が起きたあと、自民党は「国土強靭化」という政策を打ち出してきました。この言い方は、気をつけないと心の問題が抜け落ちてしまいます。

佐藤　そう思います。稼いだお金のうち、誰だって少しでも多くもっておきたいのは当たり前ですよ。ただし、厳しい状況に置かれた人を社会全体で応援するために、税負担が増えるのはやむをえません。公明党が掲げる一連の教育政策、心のある政治は、「皆で助け合っていこうじゃないか」という「心の強靱化」に直結しているのです。

　公明党議員は、いつも「自分たちの政策が誰かを傷つけているんじゃないか」「社会に分断を作る可能性はないか」というモラルをたいせつにしています。こういうモラルは、政策を立案する政治リーダーにとってとても重要なのです。

山口　佐藤さんがおっしゃる視点を顧みる姿勢を、公明党議員はいつも重視しています。

大乗仏教の「利他」の精神と「抜苦与楽」

佐藤　キリスト教の聖書には「受けるよりは与えるほうが幸いである」（新約聖書「使徒言行録」）というイエスの言葉があります。公明党の政策を見ていると、私はいつも聖書のこの言葉を思い出すのです。

山口代表は法曹（弁護士）としても政治家としても、非常に優れた能力があります。その能力は社会から受けたものなのだから、自分の能力は社会に還元しなければならない。公明党議員の皆さんと接していると、自分がもつ優れた能力を自分のためだけに蓄えておくのではなく、他者のために惜しみなく使っていることがよくわかります。

公明党の岡本三成《みつなり》衆議院議員と対談したときにも、そのことを強く感じました。岡本議員はゴールドマン・サックスという世界トップの投資銀行で執行役員まで務めた人です。社会的にものすごい成功を収めながら、経済人としての自分の能力をきちんと社会に還元しなければいけないと考え、国会議員の道へと転身した。「受けるよりは与えるほうが幸いである」という価値観、心の強さがあることの証《あかし》です。

公明党は手厚い教育政策、福祉政策によって、人を甘やかそうとしているわけではありません。誰もが尊厳をもって生きられる環境を整えることによって、自立して責任感の強い人を育てていく。そういう人が次第に増えることによって、社会はよりいっそう強靭になっていくのです。

山口　佐藤さんがおっしゃる点は、多くの公明党議員がもつ信仰、宗教的価値観からにじみ出てくるところが大きいと思います。もちろん、だからといって公明党議員が特定の信仰、特定の宗教的価値観をすべての国民に強要するわけではありません。公明党議員は、大乗仏教の「利他」の精神に基づいて行動しているのです。

上座部仏教（小乗仏教）は「個人の完成」「個人の成仏《じょうぶつ》」を追求します。大乗仏教は、他人のために尽くす「利他行《りたぎょう》」を重視します。あるいは「抜苦与楽《ばっくよらく》」の精神です。他人の苦しみを抜いて、反対に楽を与えていく。そうやってまわりの人に利益を還元し、広げていけば、ひいては自分のところにまで返ってくるという思想です。

佐藤　山口代表がおっしゃった仏法の考え方は、まさしく世界宗教にふさわしい普遍的な思想です。「利他行」や「抜苦与楽」の精神は、キリスト教で言うところの「受けるよりは与えるほうが幸いである」、あるいはイスラム教で言う「喜捨」の精神にも共通します。世界宗教の精神は、世俗化した普遍的な価値観と矛盾しないのです。

中道主義に基づいた愛国心教育

佐藤　公明党は「国家のための教育」ではなく、「民衆のための教育」「大衆のための教育」を作り上げてきました。こういうアプローチが、結果として社会を強化するのです。国家主義的な方向で押しつける形の愛国心教育は、国家を強化することにはなりません。そういう愛国心教育は、本物の愛国心を生まないのです。

　戦争中、日本の指導者は「八紘一宇《はっこういちう》だ」と言って戦争を煽《あお》り立《た》て、日蓮《にちれん》正宗をはじめとする宗教者も戦争遂行に協力しました。創価学会の牧口常三郎《つねさぶろう》初代会長は、「神札は受けない」「神社参拝はできない」と抵抗して国家権力によって捕まり、獄中死しています。弟子である戸田城聖第二代会長も逮捕され、獄中で苦しい生活を強いられました。戦争に協力した宗教者と、牧口・戸田両会長のどちらが愛国者と言えるのか。本当の愛国者は、牧口会長であり戸田会長であったことは間違いありません。

　公明党は宗教原理をストレートに反映する政党ではないので、今の話は世俗言語によって置き換える必要があります。公明党が重視する愛国心は、国家主義者が重視する愛国心とイコールではありません。もちろん国家は重要だし、無政府主義であってはならないが、国家を主義にしてはいけない。イデオロギーにしてはいけない。これが公明党議員が体得している基本原理です。

山口　国家にとって都合の良い国民を育てるために、教育が利用されてきた不幸な歴史があります。国家が誤った方向へズレているときには、自立した強い個人が有権者として待ったをかけていく。そういう個人を育てる教育が、本当の意味で国家を発展させていくのです。

佐藤　要するに、公明党は国家との適正な距離をつねに保っているのです。だから「権力の魔性に心を食い破られてはならない」と自己抑制が利《き》いているのです。自分自身も含め、権力をもつ人間には暴走する危険があることを自覚しながら、与党の中で権力を行使しているのです。

山口　戦前の日本では、天皇陛下のために命を捨てることが、あたかも立派な生き方であるかのような愛国心教育がなされました。戦争遂行と教育が強く結びついて、軍国主義を礼讃《らいさん》したのです。その失敗に懲りて、教育の統一性に対する抵抗が戦後の教育現場で強くありました。左翼的なイデオロギーでがんじがらめになって、教育現場で妙なイデオロギー対立が幅を利かせてしまったのです。

公明党は左右いずれにも偏りません。あくまでも、人間のための教育のあり方が追求されるべきである。公明党は人間主義の教育を目指しているのです。

佐藤　教育というのは、目に見える成果が出るまで20年、30年と時間がかかります。しかし歴史の大きなスパンから見れば、20年、30年なんてあっという間ですからね。我々一人ひとりの20年、30年なんて、人生全体から見ればあっという間に過ぎていきます。すぐには効果が出ないが、20年、30年と経《た》ってみれば必ずすごい効果が現れる。公明党が進める人間主義の教育は、２０５０年の日本を根っこのところから強化するのです。

東京三大スラム街の跡地に建つ公明党本部

佐藤　新宿区南元町に公明党本部があることとの意味合いは、ものすごく大きいと私は思うのです。実はたまたま縁がありまして、私は公明党本部のすぐそばにある二葉乳児院のお手伝いをすることがあります。二葉学園（東京都調布市）や二葉南元保育園（新宿区南元町）や二葉乳児院（同）の元となる二葉幼稚園は、野口幽香《ゆか》という有名なキリスト教徒が１９００年に、森島美根《みね》と共に創設しました。日本で最初の貧民幼稚園です。その少し前に華族女学校附属幼稚園が設立され、続いて野口幽香は、貧民の子どものための幼稚園を開設しました。

　今でも二葉乳児院に行くと、入り口の前にイスが一脚置いてあります。どうしてかというと、行政措置によって乳児院に入れられた子の親が、「自分の子どもと会わせてくれ」

とやって来るからです。親が覚醒剤依存症の場合もありますから、会いに来たからといってすぐに子どもに会わせることはありません。ですから「あなたの子どもはここにいますよ」とも「いない」とも言えず、親はいったん入り口で待機しなければいけないのです。

　二葉乳児院の中には、都営住宅やマンションの一室のような部屋があります。親は定期的にここに来て子どもの成長プロセスを観察し、まるで家の中にいるかのように一緒に写真が撮れるようにする。

山口　そのために、住宅のような部屋が準備されているのですね。

佐藤　そうです。なぜこの場所に二葉乳児院を造ったのでしょう。歴史を振り返ると、鮫《さめ》河《が》橋《はし》（新宿区若葉二丁目、三丁目、南元町）はかつて江戸時代から続く東京の三大スラム街の一つだったのです。再開発がなされるまで、ここにはものすごく巨大なスラム地区がありました。そこの中心に造った貧民幼稚園が、今の二葉乳児院なのです。

　そのすぐ近くに公明党本部があることに、私は歴史的な深い意味合いを感じるのです。大変だった日本の大きなスラム街が、きれいに建て直された。この場所は、あまりにも苦しかった日本の歴史の原点です。私は二葉乳児院に出かけるとき、いつも公明党本部と公明新聞の社屋を横目に見ながら「公明党が大衆政党であることのアイデンティティが、この場所にあるのだな」と感心しているのです。

第5章

「防災・減災」から持続的成長を目指して

東日本大震災と公明党議員

山口　２０１１年３月11日、東日本大震災が起きました。

佐藤　当時の日本は民主党政権でした。

山口　震災翌日、公明党の井上《いのうえ》義久《よしひさ》幹事長（当時）は「とにかく地元に帰ってみます」と言って東北へ向かいました。東北大学工学部を卒業した井上さんの自宅は、仙台市宮城野区にあったのです。じつに16時間がかりで、井上さんは夜通しかけて東北に帰りました。

佐藤　東北新幹線が止まり、道路が寸断される中、それは大変な道程だったはずです。『公明党50年史』には、次のように記録されています。

〈「すぐに被災地に向かおう」。３月12日午前、党本部での「対策本部」第２回会合終了後、同本部長の井上幹事長は車に飛び乗った。地震の影響で東北新幹線は運転を中止。東北自動車道など高速道路も通行止めになっていた。井上は大渋滞の国道４号を北上。迂回《うかい》路も通りながら、やっとの思いで仙台市内に着いたのは、翌13日の午前４時過ぎ。出発から16時間経《た》っていた〉（『大衆とともに――公明党50年の歩み　増訂版』２９７頁）

山口　東北の被災地には、公明党の地方議員が大勢います。私は東京から、東北の地方議員に電話をかけて次々と連絡を取りました。ところが連絡が取れない議員が40人近くもいたのです。「もしかしたら津波に呑《の》まれてしまったのか。あるいは家の下敷きになっているのか」。不安に苛《さいな》まれながら数日が経つと、ポツリポツリと消息がわかってきました。「山口代表からの電話に出られなかったときは、避難所を必死で回っていました」「家にあった手持ちの水や米、ありったけの食料をもって、被災した人のところを回っていました」という声が、徐々に報告されてきたのです。

　ある地方議員は、自宅が津波に流されました。親族を失い、住民と一緒に避難生活を送っていた地方議員もいます。自身も被災者でありながら、公明党議員の一人ひとりはとにかく最前線に立ち、現場に寄り添ってがんばってくれました。あの過酷な状況下で、負けじ魂と気合いに満ちた公明党の地方議員の姿があったのです。

目の前の一人を全魂で励ます

山口　２０１１年３月24日、私自身も東日本大震災直後の東北を訪問しました。あのときのショッキングな出会いは忘れられません。まず山形の空港に降りて、山形市の避難所に向かいました。大きな体育館を訪ねると、福島県南相馬市《みなみそうまし》から避難してきたお年寄りや親子連れが大勢いたのです。

佐藤　東京電力福島第一原子力発電所の事故によって避難してきた人たちですね。

山口　「着の身着のままで逃げるのがやっとでした。先々どうしたらいいのか、まったくわかりません」。お母さんと娘さんが、不安そうな面持ちで語っておられました。

　体育館で避難していた被災者は、お風呂《ふろ》にも入れません。そこで山形市の市長さんにお会いして、被災者支援をお願いしました。山形市には蔵王温泉《ざおうおんせん》もありますし、避難所の近所に温泉が多いのです。山形市のバスに巡回してもらい、被災者を順繰りに温泉に案内してくれるようになりました。

佐藤　不安に駆られる中、被災者の皆さんは命拾いする思いだったことでしょう。

山口　さらに、仙台市の隣にある多賀城市《たがじょうし》や仙台港も訪れました。港の工場は完全に破壊され、社長が従業員を集めて瓦礫《がれき》の山の後片づけをやっています。タンクローリーが転がっていて、材木は流れ出しており、建物はぶち壊されてそれは悲惨な状況でした。

社長が「山口さん、ぜひウチの社員を励ましてくれ」と言います。社長は「公明党に何でもぶつけて言ってくれ。立ち上がって復興するための支援を、公明党が必ずしてくれるから」と言うのですが、従業員はあっけにとられて茫然《ぼうぜん》自失《じしつ》状態で、何を言っていいのかわかりません。先々の見通しがつかないこの状態で、目の前にいる社長についていって本当に大丈夫なのか。この会社についていって、生活が成り立つのか。それすらわからず、みんな意気消沈していました。

　当時は民主党政権下なのに、民主党の議員はこういう現場に来やしません。そこに公明党の代表みずから、地元の地方議員と一緒に飛びこんでいって、全魂で励ましました。社長も必死の思いで「公明党に何でも頼むんだ。みんなで乗り越えよう」と激励していました。追い詰められた被災者と語り合いながら、公明党に対する期待を現場で強く感じました。

公明党「チーム3000」の縦横無尽のネットワーク

佐藤　南相馬市や仙台港の被災者のお話をうかがいながら、公明党の日常活動がしっかりしていることがあらためてよくわかりました。震災のときだけあわてて現場に顔を出すようでは、被災者や社長がストレートに気持ちを語ってくれるものではありません。お互いに信頼関係がある政党だからこそ、今いちばん困っている本音を山口代表にぶつけてくれたのだと思います。

もちろん被災者の皆さんが、山口代表のことを直接よく知っているとは限りません。では、なぜ信頼関係が生まれてくるのか。ふだんから付き合いのある地元の公明党支援者、公明党の地方議員の顔が思い浮かぶのです。「困ったことがあるときには、この人に頼めば大丈夫だ」という感覚があるのです。ここは人間力の勝負ですし、こういうときに人間主義があらわれます。

山口　ワラをもつかむ思いで、皆さんは野党である公明党に期待を託してくれました。

佐藤　野党だと予算を執行する権限がありませんし、どうしても歯がゆさが出てきます。被災地を訪れた山口代表たちにとっては「早く政権を奪還して再び与党になり、もっと力をつけなければいけない」という動機にもなったことでしょう。

山口　皆さんが行き詰まっている中で、公明党が頼られていることを強く感じました。

佐藤　公明党の強さは「国会議員が上、地方議員が下」という感覚ではないことです。両者は役割分担で仕事をしていて、つねにネットワーク政党として各地に網の目を張り巡らせています。

山口　各地方議員は細かく地元の状況を把握しており、地元の人間関係から路地裏の細かい地理まで知り尽くしています。

佐藤　だからいざ事が起こったときには、中央政府で仕事をしている国会議員を現場の最前線につなぐことができるのです。ネットワークがないほかの政党の国会議員は、いざ災害があったときに、どこを最優先で訪れていいのかさえわからないでしょう。

　災害が起きたときの東京の公明党本部は、政府とは別の防災センターとしての機能を果たします。地方議員を通して草の根の声がどんどん寄せられ、公明党本部に集約されるのです。こういう機能は、一朝一夕に作れるものではありません。ふだんの地道な活動があるおかげで、有事の際には公明党本部が防災センターへと即座に生まれ変わるのです。

　公明党には、全議員が一人ひとりの元を訪れて語り合う「訪問・調査」運動の伝統があります。２０１８年４月から３カ月間にわたり、党を挙げて「１００万人訪問・調査」運動を展開した事実が、『公明党50年史』（『大衆とともに――公明党50年の歩み　増訂版』第22章）に書かれていました。

　公明党はナショナリズム（国家主義）に依拠しません。国家主義という麻薬を使う政治は、非常に危険です。なぜか。ナショナリズムという蛇口をひねって、ジャージャーと水を流すことはできるのですが、蛇口を閉じることは至難の業《わざ》だからです。右派勢力にはその危険性が見えておらず、ナショナリズムを政策的に煽《あお》って蛇口を開こうとします。

公明党はナショナリズムの政治にも、ポピュリズム（大衆迎合主義）の政治にも走りません。民衆に依拠し、大衆に依拠して、足で稼いでいく。だから震災や自然災害が起きた瞬間にも、新型コロナショックが起きた瞬間にも、中小企業のニーズがどこにあるのか、ただちに把握することができるのです。

山口　「訪問・調査」運動によって地に足のついた公明党の政治姿勢は、これからも一貫して変わりません。こういう姿勢で常日頃から仕事をしていれば、大衆が求める政治を皮膚感覚でつかめるのです。

「政治家のバカ野郎！」震災被災者の叫び

山口　震災直後、福島県相馬市の漁港を訪れたときのことも強く印象に残っています。その漁港には、近隣の港から避難してきた船が停泊していました。船を手入れしている若い青年に「大変ですね。どこから来たんですか」と声をかけたら、請戸《うけど》漁港（福島県浪江《なみえ》町《まち》）だと言います。

佐藤　請戸というと、福島第一原発のすぐ近くの漁港ですね。原発事故の被害によって、住民は自宅に帰れなくなってしまいました。

山口　船で沖に出ているときに震災と津波が起きて、港に戻れず、自宅がどうなっているかも確かめられないというのです。そこで請戸漁港から少し離れた相馬市にやって来て、港の一部を〝間借り〟して自分の船を停泊させていました。「オレたちの生活の見通しがまったくたたない。元に戻れない」と言って、窮状を私に訴えます。

興奮した青年は、当時の首相の名前を出して「××のバカ野郎！」と私に叫びました。隣にいた仲間の青年は「いやいや、この人たちは公明党だ。公明党の議員さんに言っても仕方ないだろう。我慢しろ」とたしなめます。

佐藤　原発のせいで仕事も生活もメチャクチャにされてしまった被災者にとっては、政治家はみんな一緒に見えるわけですよね。

山口　憤懣《ふんまん》やるかたない。叫ばざるをえない。青年から思わず出た言葉でした。当時の民主党政権が、そういう人たちにちゃんと応えていない。まったく寄り添っていない。その実感と怒りを、野党である公明党の我々にぶつけてきたのです。「バカ野郎！」と憤《いきどお》る青年に向かって、私は「よくぞ言ってくれました。我々は野党だけれども、皆さんの生活を取り戻せるようにがんばります。一緒にがんばりましょう！」と激励しました。「頼みますよ！」と言葉を返され、堅く握手したものです。

　こういう青年の気持ちを、我々公明党は全身で受け止めなければならない。あの青年との出会いは、今でも忘れられません。

被災地の仮設住宅の風呂に追い焚き機能を追加させる

山口　震災が起きてから、民主党政権はあまりにもうろたえて頼りないありさまでした。野党として、民主党を非難したり責めることは、やろうと思えばいくらでもできます。自民党は、民主党政権を徹底的に責めるファイティングポーズを取っていました。

佐藤　公明党は一時休戦の姿勢を示して、復旧・復興に向けた民主党政権の仕事に、野党の立場から協力しています。あのときの姿勢が公明党への信頼を生み、政権奪還へと結びつきました。

山口　被災者を助け起こし、野党の立場から力を貸さなければいけません。そこで公明党は東日本大震災復興基本法の成立に協力し（２０１１年6月20日成立）、「復興庁という司令塔を作れ」と具体的な提案を積極的にしていきました。

佐藤　公明党の提案が受け入れられ、12年2月10日に復興庁が新設されています。

山口　震災から半年間だけで、公明党は与党・民主党に計16回の政策提言や申し入れを出しました。項目は７６６項目にも及びます。

11年7月と12年1月には、公明党宮城県本部が仮設住宅の住環境改善について現地調査を実施しました。井上義久幹事長（当時）を先頭に、アンケートによる総点検運動を実施し、公明党岩手県本部、福島県本部もアンケートや住民懇談会を実施して被災者の声を聴き取っています。

「何にお困りですか」「どういうことを望んでいますか」と調べていくと、とてもたいせつなことがわかったのです。

「東北は寒いんだ。仮設住宅に風呂はついているけれど、お湯が冷めてしまって困っている。家族はバラバラに生活しているから、最初に風呂に入った人は温かくても、遅く帰ってきた人が入るときには風呂が冷めている。お湯を落として、もう一度沸かし直すと水道代やガス代が大変だ。仮設住宅にぜひ追《お》い焚《だ》き機能をつけてほしい」

　こういう回答が非常に多かったのです。

佐藤　仮設住宅のお風呂には、追い焚き機能がついていなかったのですね。こういう切実な声は、生活者の声に丹念に耳を傾けなければ、聴き漏らしてしまいます。

山口　そこで12年2月15日の衆議院予算委員会で高木美智代《みちよ》衆議院議員が、続いて3月6日の東日本大震災復興特別委員会では、石田祝稔《のりとし》衆議院議員が質問に立ち、追い焚き機能の設置を強く訴えたのです。12年4月17日、民主党の小宮山洋子《こみやまようこ》厚生労働大臣は、お風呂に追い焚き機能を加える工事をすることを約束してくれました。

佐藤　現場の声を中央政府に届けて、ただちに政策をフィードバックする。まさにボトムアップ型の政治です。

山口　一人、二人から要望があっても、それがみんなの声かどうかはわかりません。大規模なアンケート調査をやったからこそ、「追い焚き機能がほしい」という要望は東北の民衆の声だということがはっきりわかったのです。

仮設住宅の被災者に想像力を働かせる政治

山口　被災地でアンケート調査をやった結果、お風呂の追い焚き機能以外に強かった要望があります。「仮設住宅はスペースがとても狭い。玄関の入り口のちょっと脇に、少しモノを入れるスペースを作ってもらいたい」という声がたくさんあったのです。公明党の訴えによって、ホウキやベビーカーを置ける物置を、お風呂の追い焚き機能にあわせてつけ加えることができました。

佐藤　こういう細かい政策が、被災者にとってはすごく重要なのです。「どうせ仮住まいの仮設住宅なのだから、追い焚き機能なんて要らないだろう」とか「荷物なんて部屋の中に置いておけばいいだろう」と考える人もいるでしょう。でも慣れない仮設住宅での暮らしは、毎日毎回がストレスの繰り返しです。1週間の仮設住宅暮らしなのか、3カ月なのか、1年なのか先が見えません。期間が長引くにつれて、ストレスは掛け算で膨らんでいきます。ストレス度は、幾何級数的に上がっていくのです。

毎日温かいお風呂に入れる。物置に生活用品をしまって、部屋の中がきれいに片づく。

小さなことのように見えますが、こういう小さいことの集積が、人が人として生きていくために本当に重要なのです。

山口　役所の人は「小さなことだ」とか「予算が限られている。仮設住宅なんだから、我慢してよ」と言います。あとから追い焚き機能をつければお金もかかりますし、「我慢してくれ」と言いたくもなるでしょう。けれども、そこを追加することによって、つらい仮設住宅の暮らしの質がグッと上がるのです。

佐藤　そのとおりです。これは第4章で触れた、絶対的貧困と相対的貧困の話とも関係します。「雨露《あめつゆ》がしのげて風呂があるのだからいいじゃないか」「極端な話、水風呂《みずぶろ》でも体の汚れは落とせる。風呂があるだけマシだ」という説明は、絶対的貧困に置かれた人しか納得できません。相対的な形での貧困対策をやらなければいけないときには、違った視点が必要です。

　物置や追い焚き機能は、とりあえず飢えをしのがなくてはならない人にとっては必要ないかもしれません。でも絶対的貧困から抜け出し、生活を再建しようとしている人にとっては、必要不可欠な生活インフラなのです。

山口　それがあるだけで、生き方が前向きになるんですよ。そこで「我慢してください。

だめなんです」と言われれば、被災者の気持ちはガクッと落ちこんでしまいます。現実に被災者は大変な思いをしているのです。「お風呂に追い焚き機能がつきますよ」と言われれば、生きる希望が湧きます。家族皆が温かいお風呂に入れれば健康にもいいですし、ストレス解消にもなります。「もう少しがんばってみよう」「なんとか仮設住宅から引っ越して、本格的な住まいに移れるように仕事をしよう」という気持ちにつながっていくのです。

エピソード主義の自民党　エビデンス主義の公明党

佐藤　自民党と公明党の違いは何かというと、自民党はエピソード主義の政党なのです。自民党議員は、自分が偶然出会った出来事を普遍化させてしまいます。公明党は現場で話を静かに聴いたあと、アンケートや訪問調査によって裏づけを取るのです。それが特異な例のエピソードであれば、普遍的な政策にはなりません。Aというエピソードが、BさんにもCさんにも普遍化できる話なのか、公明党は医療で言うところのエビデンス（根拠）をしっかり取っていくエビデンス主義なのです。

保守政党の政治家は個人商店のようなものですから、いかにエピソード主義を上手に使うかを考えます。「あそこの階段が曲がっているのは私が直したんですよ」「ここの駅のエスカレーターは私がつけました」と言って、いくつかのエピソードで有権者から支持を得ていくのです。公明党がエピソード主義でなく、エビデンスに基づいて実績を出していることは、お風呂の追い焚き機能の話ひとつとってもよくわかります。

山口　アンケートと実証に基づいて、被災者に寄り添う。エビデンスに基づいて、優先度の高い具体策を実行していく。公明党は最前線の調査から、プラスの政策を生み出す政党なのです。

佐藤　新型コロナウイルス危機の中で、自民党特有のエピソード主義の悪さが出てしまいました。自分のまわりにいる一人、二人から聞いたエピソードを元に、安《あ》倍《べ》晋《しん》三《ぞう》総理側近の官僚が「布マスクを配れば、国民の不安はパッと解消しますよ」とか「星《ほし》野《の》源《げん》さんとコラボした動画を流せばウケますよ」と知恵をつけたのでしょう。このエピソードには普遍的なエビデンスがなく、国民からとんでもない反発を招いてしまいました。
「イソジンのうがい薬を使えば、新型コロナウイルスがだいぶ減るらしい」というエピソードにパッと飛びつき、大々的に記者会見を開いて恥をかいた知事もいます。
　エピソードはエピソードでたいせつなのですが、政策は根拠に基づいて練り上げなければいけません。エビデンスが欠けた政策を「これだ！」と打ち出すと、政治家は深刻な墓穴を掘ってしまうことがあるのです。

山口　もちろん公明党にだって、人情噺《にんじょうばなし》とストーリー性を大事にするところはあります。自民党はよく「自分党」と言われるでしょう。自分にとって都合の良い話、自分の後援者に受ける話をして、それで終わり。こういう政治家も一部にいます。公明党議員がそういう話を支持者の前でしても「いい話ですけど、違う状況に置かれた人にはそんな話は通じませんよ」とか、「欠けている部分はどうするんですか」と必ず反証が返ってくるのです。

　だから私たちは、何かやってほしいという声を受けたときに「お困りなのですね。私たちがしっかり検討します」と言って、いったん話をもち帰ります。もちろん「街灯が切れている」といった要望に対しては、その日のうちに応急処置をして決着をつけます。

　お風呂の追い焚き機能や物置のような事例については、同じような悩みを抱えている人が大勢いるかどうか、ちゃんと確かめなければなりません。「これはぜひやらなければいけない」というコンセンサスが得られた段階で、議会で予算を動かして実行するのです。

全国の自治体と協力して震災瓦礫を処理

山口　東日本大震災が起きたあとには、震災瓦礫の処理について頭を悩ませました。原発事故によって放射能を帯びた瓦礫は、単に「どこでもいいから燃やしてしまえ」とか「とにかく埋めてしまえ」という処理ができません。一カ所の市町村ではとても処理できない瓦礫が、各地で山のように積み上がっていました。

そこで被災していない全国の自治体に、手分けして震災瓦礫を引き取ってもらったのです。この仕事は、全国津々浦々にネットワークがある公明党でなければできませんでした。「放射能を帯びたゴミをウチの焼却場で受け入れましょう」と言えば、「なんでウチがそんなことまでやらなきゃいけないんだ」と反発の声があがります。原発反対運動に取り組む政党や市民団体からは「放射能が怖い」と猛反発されました。

佐藤　でも分散して各自治体に協力してもらわなければ、膨大な震災瓦礫はいつまで経っても処理できません。

山口　震災瓦礫が全国各地に放射能をもちこむ怖《おそ》れを、どうすれば払拭《ふっしょく》できるのか。瓦礫の放射線量をちゃんと測り、一定以下の数値であることを証明するデータを、その都度公表していきました。さらに公明党の地方議員が議会で質問し、首長を動かし、市民の理解を得ていったのです。

みんなで分散して処理すれば、一つの自治体あたりの瓦礫の処理量は少なくて済みます。東京でも瓦礫を受け入れ、遠いところでは北九州まで震災瓦礫を運びました。公明党のネットワークを生かして、震災瓦礫の広域処理を進めていったのです。

旧・民主党はコンサルタント　公明党はコーチと伴走者

佐藤　震災瓦礫の処理は、とても大変な仕事でした。公明党を支持している人の中にも「原発はないほうがいい」と思っている人はいます。支持者から反発を受ける中、「震災瓦礫をもっとたくさん受け入れてくれ」という声も強い。双方の人を100％満足させることはできません。両方から板挟みになり、批判にさらされながら政治判断をしなければならなかったのが当時、公明党が置かれた状況でした。

山口　おっしゃるとおりです。実際に、二通りの意見によって板挟みになりました。

佐藤　そこは公明党の宿命です。ロシアのレーニンが批判を受けたときに、こう言いました。「批判を受けないのは何もしない人だ」。難しい局面で逃げずに行動するからこそ、公明党はときに批判を受けるのです。まったく批判を受けない人は、実のところ何もしてはいません。

　私は当時、記者から質問を受けたときに、公明党と民主党の違いについてこう説明していました。

「民主党の議員は、どうもコンサルタントみたいな感じがする。いろいろなことを評価しながら関わるんだけど、問題の出口まではしっかり責任を取らない。それに対して、公明党はコーチのような感じを受ける。コーチはいろいろアドバイスして、選手とともに伴走しながら、最後に結果が出るところまでずっと走ってつきあう。ひとたび相手と関わったからには、最後の出口まで一緒に走りきる。ここが公明党のおもしろさだ」と。

山口　ありがとうございます。私たちもそうありたいと願って行動してきました。

佐藤　タチの悪い自己啓発セミナーのようなコンサルタントは「こうやったらうまくいきますよ」「うまくやってください」ときれいなことばかり言って何もせずに、あとで成功したときには「私の言ったとおりにやったから成功できたんですよ」と言います。うまくいかなかったときには「私が教えたとおりにやらないから、こんな結果になったのだ」と責任を取らない。同じようなやり方の政治が、残念ながら横行しているのです。こういうやり方を取っていれば、うまくいかなかったときに批判を浴びる心配はありません。

　公明党は、たとえ１００％思ったとおりの結果が出ないにしても、大衆ととことん関わりながら最後まで伴走します。すると、１００％の結果がほしい人からは「結果が十分出ていないじゃないか」と批判されるのです。批判されたとしても、状況が一歩でも前進したほうがいい。場合によっては、たった半歩でも前進できたほうがいい。

　山口代表のお話をうかがっていると、公明党がこういう誠実な政治姿勢だということがよくわかります。原子力発電所の放射性物質に汚染された瓦礫は、とりわけ処理が難しいですよね。誰もが「よくやった」とか「すばらしい」とは言ってくれないことが、最初からわかっています。「ならば触らないほうがいい」という選択になりやすいのですが、公明党はこういう問題から決して逃げないのです。

２０１８年西日本豪雨と公明党の地方議員

佐藤　２０１７年７月の九州北部豪雨、18年７月の西日本豪雨、19年の台風19号、20年７

月の熊本豪雨など、このところ大規模な自然災害が毎年続いています。災害現場の最前線では、公明党の地方議員と国会議員が一体となって救援活動に尽力しておられますね。

山口　18年7月の西日本豪雨では、愛媛県宇和島市《うわじまし》の３５０カ所以上で土砂崩れが発生し、11人が犠牲になる大変な被害が発生しています。

公明党の松本孔《とおる》宇和島市議会議員は、地元で連合自治会長を務めていました。地元の学校区を回ってみると、河川が茶色く濁流と化しています。党員の自宅の裏山が崩れて、家屋の中に土砂が流れこんだという一報や、床上浸水の被害の報告が次々と入ってきました。胸が締めつけられる思いだったそうです。

豪雨災害によって、宇和島市にある吉田町《よしだちょう》の浄水場は破壊されてしまいました。

佐藤　それは大変な被害です。浄水場が壊れてしまったら、生活用水が確保できなくなってしまいます。

山口　豪雨災害が起きる5年前に、松本議員は市議会で質問して「災害応急用井戸」の活用を進めていました。吉田町には個人がもっている井戸が１００カ所くらいあり、自治会長や市の職員にどんどん連絡を取って「ここで生活用水が手に入りますよ」と地域住民に知らせていったのです。悲惨な状況の中で、被災者は近隣の井戸から生活用水を確保することができました。

佐藤　地域に根を張る公明党の地方議員ならではですね。松本孔市議が連合自治会長を務めていて、日頃細かく地元を歩き回っているから、どこに井戸があるのか把握できたのです。「浄水場が壊れてしまった。地元にはどこに井戸があるのか」とあわてて調べ始めたところで、１００カ所もの井戸をすぐには把握できません。松本議員がふだんから地元を歩き回っていたおかげで、非常時にすぐさま井戸を使うことができました。

山口　井戸から水をもらっても、お年寄りは重い水をたくさん運べません。そこで松本議員は、キャリーカートを給水所に設置するよう市長に迫りました。たちまち20台のキャリーカートを設置してもらい、お年寄りはそれを使って水を運べるようになったのです。

　それだけではありません。事態の変化に応じて、松本議員は次々と手を打っていきます。軽トラックの荷台に水を入れたタンクと高圧洗浄機を乗せて、住居や店舗の泥や土砂を洗い流すボランティア活動を始めます。巡回バスの運行状況、無料で使える洗濯機の設置場所、炊き出しをやっている場所と時間、土砂を土嚢《どのう》に入れる方法――被災者やボランティアのために、最新の情報をフェイスブックでどんどん発信していきました。

　浄水設備は地域住民の生活を支えるたいせつなインフラですから、一日も早く復旧しなければなりません。ちょうど新しい浄水設備を東京都が発注して、据《す》えつける準備をしていたところだったのです。災害が起きたばかりの宇和島市では、今すぐ浄水設備を必要としています。東京都は被災しているわけではありませんし、少しくらい先延ばししたってかまいません。公明党の東京都議会議員からそういう情報が伝わってきたため、東京都が使うはずだった浄水設備を宇和島市に回すことができました。

佐藤　地方議員同士の情報ネットワークが生きているおかげで、どこにどういった物資があるのか、正確な情報が把握できました。

西日本豪雨と倉敷市真備町

山口　２０１８年７月の西日本豪雨では、倉敷市《くらしきし》の真《ま》備町《びちょう》で大規模な浸水被害が発生しました。真備町地区の27％に当たる１２００ヘクタールもの面積が浸水し、水の深さは最大４メートル80センチにまで達しています。水浸しになった真備町には人が近づけず、多くの人の安否がわからない状態でした。そこで公明党の山田総《そう》一郎《いちろう》岡山県議会議員は、豪雨の翌日から救援ボートを出して被災者を助けに行き、携帯電話とＳＮＳを使って１日80回も安否確認をどんどん進めていきます。

ちょうど夏場なので、外は暑いし体育館の中も酷暑です。そこで山田議員が「スポットで冷房を入れてください」と頼み、暑さに苦しむ被災者が助かりました。現地を訪れたときに「おかげさまで、夜もゆっくり寝られるようになりました」という声を私も直接聞いています。

お年寄りの中には「ペットと一緒に避難したい」と言う被災者もいました。だけど「大勢の人がいる避難所にペットをもちこむのはだめだ」と言われてしまったのです。ほかの人は学校の体育館に避難しているのに、ペット連れの人は校庭にテントを張ったりしながら、外で避難生活をしていました。

佐藤　避難所にペットをもちこめないという理由で、自宅からの避難が遅れて命の危険にさらされることもあります。私も猫を6匹飼っているので皮膚感覚でわかるのですが、ペットは飼い主にとって家族の一員ですから、ペットを置いて人間だけ避難するわけにはいきません。

山口　大勢が寝泊まりしている体育館にペットをもちこめないのなら、教室を避難所として空けられないものか。山田議員は学校側と交渉して、ペット連れの人のために教室を開放してもらいました。教室であれば、冷房も使えます。山田議員はそういう手も打ってくれました。

大規模な被害を受けた真備町では、公明党として市民相談所を設けています。地元の森《もり》分《わけ》敏《とし》明《あき》議員など倉敷市議7人をはじめ、公明党の岡山県議会議員や近隣の市議会議員にも入れ代わり立ち代わり応援に入ってもらい、毎日午前10時から午後5時までローテーションを組んでどんどん市民相談に応じていきました。

相談内容によって、市がやるべき仕事、県がやるべき仕事、国にお願いしたほうがいいことがあります。相談内容をテキパキと振り分けながら、被災者のために手を打っていきました。

被災した現場の状況は、刻々と変わります。避難している人、被害に遭った人のニーズも、日々変わっていくものです。状況の変化を、その都度その都度的確にとらえていきました。

佐藤　機動力とネットワークがある公明党だからこそ、迅速で有機的な被災者支援ができました。

農家・酪農家の生活を救う収入保険制度

佐藤　２０１８年７月の西日本豪雨では、農林水産関連の被害総額が５３００億円を超えました。一昔前の公明党だと「生命を大事にする」とか「環境を大事にする」「教育の政党」というイメージが強かったわけですが、今の公明党は農業の支援にも本気で取り組んでいます。公明党はＪＡ全中（全国農業協同組合中央会）とも連携していますよね。

山口　秋は実りの季節なのに、収穫の直前に台風がやって来て、手塩にかけて育ててきた稲や農作物がバサーッと倒れてしまう。そういう光景を何度も目にしてきました。公明党は２０１０年から、収入保険制度の創設を訴えています。粘り強い訴えによってようやく18年に法律が変わり、19年1月から収入保険制度が始まりました。

　農家は米や野菜も作れば、花卉《かき》を作ったり、豚や牛を飼って畜産も一緒にやります。特定の作物を保護するための保険制度ではなく、農家の収入全体を補償する仕組みが必要です。ですから収入保険制度の適用範囲は、農作物の種類を問いません。過去5年間の平均収入の9割以下まで下回ったときには、最大で年収の8割強を補う収入保険制度を作り上げました。もちろん保険料はかかりますが、わずかな保険料によって自分の収入が補償されるのですから、これは絶対加入したほうが得です。

西日本豪雨では、愛媛県宇和島市吉田町のミカン農家が大きな被害を受けました。そこで公明党議員が「収入保険制度はいいですよ」と一生懸命宣伝したのです。その結果、愛媛県の加入率は全国で有数の高い数字になりました。収入保険制度に加入しておけば、次に豪雨災害を受けたときに救われます。

ただし透明性を確保するために、青色申告をやっていなければ収入保険制度には加入できません。「青色申告なんてめんどうくさい」と言う人もいます。でも農家にとっては、ドンブリ勘定の経営ではなく、収入やコストがガラス張りでわかる青色申告に切り替えたほうが、結局は長い目で見て持続可能な経営になっていくのです。

佐藤　私もそう思います。これからは農業も中小企業も含め、複式簿記をきちんとつけるべきです。10年後には確実にそうなっているでしょう。私が大学で教えている学生は、就職活動の中で自発的に日商簿記3級を取っています。少し関心が高い学生は、日商簿記2級まで取ります。2級だと工業簿記が含まれます。工業簿記によって在庫管理までできるようになると、企業価値の計算ができますからね。そういうことをやるようになれば、青色申告なんて全然複雑ではありませんし、抵抗感はなくなります。

山口　株式会社を作って法人経営をする農業者は、少しずつ増えてきました。若い農業経営者ほど「青色申告なんて簡単だよ。ヘッチャラだよ。ウチも収入保険制度に入ろう」と言ってくれます。公明党は、農業の将来のための良い制度を作ることができました。

2019年の台風19号と公明党女性議員の視点

山口　２０１９年10月の台風19号も、全国各地で恐るべき被害をもたらしました。長野市を中心とする長野県北部では、千曲川《ちくまがわ》の堤防が決壊して大規模な浸水被害が発生しています。私も被災地を訪れて皆さんを激励に歩きました。大洪水の水がようやく引いて、突貫工事によって堤防がもうすぐ塞がろうかという時期です。

　自宅の天井近くまで水に浸《つ》かり、後片づけをやっている避難者のお宅を訪れました。水が浸かったあとの線が壁や柱にくっきりと残っており、恐怖の体験を私に語ってくださったものです。そこの家のご婦人が、私と一緒にいた山本香苗《かなえ》参議院議員に相談してくださいました。

佐藤　外務省時代、在カザフスタン大使館（在キルギス大使館併任）で勤務した経歴があるトルコ語のスペシャリストですね。私も以前鼎談《ていだん》企画でお会いしました（山本かなえ・杉ひさたけ著『スタートダッシュ！』第三文明社に所収）。たいへん優秀な方です。

山口　山本議員が聞いた話によると、女性の避難者が大勢いるにもかかわらず、避難所に女性職員が一人も配置されていないというのです。暗くなってからあわてて着の身着のまま避難してきたので、着替えや手持ちの荷物はわずかしかありません。どこで着替えをしたらいいのか。洗濯をどうしたらいいのか。下着の替えはどこで手に入れたらいいのか。本当はそういうことを訊《き》きたいのですが、男性職員しかいないものだから、声をかけづらいというのです。山本議員は「女性特有のいろいろな課題があるので、ぜひ女性職員を避難所に配置してもらいたい」という訴えを聞きました。

その声を聞いたあと、私たちは長野市役所を訪れて、市長に「こういう声があります。ぜひ早急に対応してもらいたい」と要望したのです。「避難所はいくつもありますよね。女性職員を全部の避難所に配置したら、もしかすると職員の数が足りなくなるかもしれません。そのときは近隣の自治体、場合によっては隣の県に応援を頼めます。国として近隣の自治体と連携を取り、しっかりバックアップします」と重ねてお願いしました。すると、長野市はその日のうちに女性職員をすべての避難所に配置してくれたのです。

　その後、女性職員の数が足りなくなったため、厚生労働省と連携して、隣の富山県から女性職員を派遣してもらいました。女性の避難者からの要望は、職員の補充によって継続しています。

佐藤　それはすばらしいエピソードですね。被災地を訪ねたのが男性議員ばかりであれば、その女性は誰にも悩みを打ち明けられませんでした。

山口　私も男性ですからね。公明党の代表を務める男性議員に「実は下着のことで……」とはなかなか言いづらかったはずです。女性のニーズを、女性議員ならではの感覚で鋭敏につかみ取る。そして現場で臨機応変に対応する。スピード感と開放感、オープンな相談の姿勢が大事であることを現場で実感しました。

熊本豪雨と線状降水帯

山口　直近の話を申し上げると、２０２０年7月の熊本豪雨は本当に厳しい災害でした。発生から1週間が過ぎた7月11日、私も現地を訪れています。羽田空港からの飛行機は

「東京を発《た》ったあと、熊本空港に飛行機が降りられるかどうかわかりません。そのときは福岡空港に降ります」という条件付き運航でした。

熊本空港へ向かって飛行機が下降しようとすると、分厚い雲が眼下を覆っています。でも遠くを見ると、はるか先に島影が見えるのです。おそらく五島列島でしょう。五島列島のほうは晴れているのに、九州本土に近づくにつれて雲がグワーッと分厚く立ちはだかるのです。雷が鳴り、雲の下はザーザーの豪雨でしたが、飛行機はなんとか熊本空港に降り立ちました。現場は「線状降水帯」と呼ばれ、激しい雨が断続的に降り続く状況です。

佐藤　「線状降水帯」とは、近年の豪雨災害で起きるようになった現象です。積乱雲が螺《ら》旋《せん》状態で発生し、長時間にわたってすさまじい豪雨をもたらします。バケツをひっくり返したような大雨が、延々と続くのですよね。

山口　熊本県人吉市《ひとよしし》では、球磨川《くまがわ》の氾濫によって多くの家屋が浸水しました。私も人吉市に向かう途中の高速道路で、もろに「線状降水帯」の大雨にさらされたのです。ワイパーを最速にしても、フロントガラスに叩《たた》きつける雨のせいで前がよく見えません。想像を絶するすさまじい雨でした。

山の中に入っていくと、八代市坂本町《やつしろしさかもとまち》（旧・坂本村）では、駅から何からみんな水浸しになっています。ここでは急峻《きゅうしゅん》な谷あいの底を、球磨川の激流が流れているのです。球磨川は赤茶色に濁って、波が逆立っていました。急な川の流れのせいで、切り立った急峻な谷の両側から、白い滝のような水がジャージャーと谷底へ流れ落ちています。ところどころ水煙まで上がっている様子を見て、びっくりしました。

　公明党の市議会議員、県議会議員、公明党熊本県本部が交替しながら現場で救援活動にあたっていたものの、球磨川の氾濫と急流、そして崖崩れはおびただしい被害です。一日も早く日常の生活を取り戻さなければならないと、決意を新たにしました。

「三重苦」の被災者に寄り添う同苦の精神

山口　ようやく盆地である人吉市の市街地に入ると、ここでも球磨川が氾濫して水浸しになっています。ここは町の中に温泉がありまして、夏場には球磨川の清流で獲れた鮎《あゆ》料理でもてなす有数の観光地です。江戸時代から続く老舗《しにせ》の温泉旅館（人吉温泉　鍋屋本館）へお見舞いにうかがったところ、1階部分は天井近くまで水に浸かり、設備は全部台無しでした。2階以上の部屋に寝泊まりしながら、従業員が後片づけに汗を流しています。その旅館の方が「私たちは三重苦です」と訴えるのです。

佐藤　新型コロナウイルスによって、２０２０年4月から5月にかけて緊急事態宣言が出されました。観光地にとっては書き入れ時であるゴールデンウィークなのに、観光業者や飲食店は休業に追いこまれていました。

山口　売り上げが激減する中、その温泉旅館は夏場の観光シーズンに賭けていました。国土交通省が「Ｇｏ Ｔｏ トラベル」キャンペーンを始めることになっていたため、新型コロナウイルスの対策を取りつつ、期待しながら夏場の観光シーズンを待っていたのです。その矢先に熊本豪雨にやられて、旅館の設備そのものがだめになってしまいました。

　この損害のせいで、もはや「Ｇｏ Ｔｏ トラベル」が始まっても夏場の巻き返しは期待できません。ゴールデンウィークを失い、豪雨によって設備を失い、「Ｇｏ Ｔｏ トラベル」のチャンスまで失った。三つの苦しみが打ち続いて、皆さんは筆舌に尽くしがたい苦境に陥っていました。

　このとき痛感したのは、地方の観光地では、地域全体が観光業に依存しているという厳然たる事実です。連休や夏休みを利用して、一人でも多くのお客さんに来ていただきたい。お客さんが来てさえくれれば、コロナ禍《か》を挽回《ばんかい》できます。

「Ｇｏ Ｔｏ トラベル」を求める切実な声

佐藤　私は同志社大学で仕事をしていまして、集中講義をやるために、２０２０年９月に京都で連泊しました。私は４階に泊まっていたのですが、間違えて３階に降りてしまったことがあります。でも３階は真っ暗なのです。出張のビジネスマンや観光客が多いはずの京都のホテルでも、フロア全体がそういう状況に陥っていました。

　学生たちに訊いてみると、京都は今までオーバーツーリズム（観光客が集中して収容可能数を超えている状態）状況だったそうです。外国人観光客が消えてしまった今は、誰でも地元のバスに乗れるようになりました。でもお土産物屋さんはほとんど閉まっており、新型コロナウイルスが京都の経済に与える打撃は非常に深刻です。

　少しでもいいから、観光客に戻って来てほしい。草の根のレベルでは、「Ｇｏ Ｔｏ トラベル」への理解と支持はかなり高いと私は思います。

山口　感染者が多い東京で暮らしていると、「こんな状況下で東京の人が地方都市へ旅行に出かけると、嫌がられるのではないか」と頭で考えてしまいます。だけれども観光で生活している人から見ると、そこはとても複雑な気持ちなのです。もちろん感染は怖いけれども、ちゃんと対策を取ったうえで、生業を継続していかなければなりません。

7月の4連休、お盆休み、9月の4連休など、短いチャンスをなんとか生かしたい。新型コロナウイルスの影響によって、学校の夏休みは短縮されました。ファミリーで観光に出かけてきてもらうわずかなチャンスに、現地の人たちは賭けているのです。

佐藤　新型コロナウイルス感染の防止が第一ということになると、人が動かないことがいちばんいい。これは当たり前です。しかし、その中で経済のバランスも取らなければなりません。「Ｇｏ　Ｔｏ　トラベル」を進めた責任者は、公明党の赤羽《あかば》一嘉《かずよし》国土交通大臣です。赤羽大臣は「なんで今Ｇｏ　Ｔｏなんてやるのだ」とマスメディアから袋叩《ふくろだた》きにされました。

なぜ公明党の大臣が「Ｇｏ　Ｔｏ　トラベル」キャンペーンを前倒しでやろうとしたのか。理由は簡単ですよ。公明党議員が小さな声を聞き取り、現場の様子をよく知っているからです。「公明党は大資本や観光業界の利益を代表しているのか」というステレオタイプ（紋切り型の考え）な批判から、私たちは抜け出さなければなりません。草の根の大衆がどういう状況に置かれているのか目を配ったうえで、ギリギリのところで感染症対策と経済活動のバランスを取らなければならないのです。

山口代表が訪れた人吉市の旅館にしても、壊れた設備を直してこの先旅館が復興していくためには、資金をかき集めなければなりません。もし信用金庫や銀行が資金を貸してくれなければ、企業に待っているのは倒産です。

読者の皆さんもご存じのように、お金を借りるときに、日本には独特の慣行があります。中小企業の経営者が個人連帯保証をしなければ、金融機関はまずお金を貸してくれません。もし倒産して不良債権が発生すれば、どうなってしまうか。担保である自宅や自分の財産が、全部もっていかれてしまうのです。

山口　新型コロナウイルスの感染拡大を受けて、公明党は無利子・無担保融資を実現しました。担保なしでお金を借りることができ、3年間は実質無利子です。元本返済は最長5年まで据え置かれます。政府系金融機関については、中小企業への融資限度額を3億円から6億円に倍増しました。実質無利子となる融資の限度額は、1億円から2億円まで2倍に引き上げています。

佐藤　「三重苦」にさらされた多くの事業者は、公明党が実現した無利子・無担保融資のおかげで出血が止まり、命拾いしたはずです。

草の根レベルの経済を救う「Ｇｏ Ｔｏ トラベル」

佐藤　２０２０年10月終わりに、同志社大学神学部の学生たちと一緒に、「Ｇｏ Ｔｏ トラベル」の割引を使って奈良の吉野《よしの》へ出かけてきたのです。吉野に行く前と行ったあとでは、「Ｇｏ Ｔｏ トラベル」に対する学生たちの評価はガラリと変わりました。このキャンペーンのおかげで、吉野で働く人たちが命拾いしていることがわかったからです。

駅の近くにあった食堂兼お土産屋さんに飛びこみで入ったところ、そこのご婦人からこんな話を聞きました。吉野ではちょうど桜が咲く季節に、名物の柿の葉寿司《ずし》をたくさん作ります。

山口　塩サバをネタに使い、柿の葉っぱで包む押し寿司ですね。

佐藤　１月のうちに大量のサバを買い付けて、春の書き入れ時に備えて準備します。20年の春は緊急事態宣言の真っ最中だったため、買い入れたサバを全部廃棄しなければなりませんでした。

土産物のお菓子にも賞味期限があります。最初は問屋が返品を引き受けてくれると言っていたそうですが、さすがに問屋にも体力がなくなり、返品を受けてもらえなくなってしまいました。廃棄となった土産物の損害は、全部お店側がかぶっているそうです。

本当に大変だった中、20年7月22日に「Ｇｏ　Ｔｏ　トラベル」が始まったおかげで、吉野の人たちはようやく一息つけました。吉野町では、政府とは別に独自のクーポン券を観光客向けに発行しています。学生たちが「酒蔵に行こう」と言い出し、クーポン券に加えて自分たちのお小遣いも出して、酒蔵から実家にお酒や梅干しを送っていました。大変な思いをしている吉野の人たちを応援するために、少しでもたくさんオカネを落として帰ろうと考えたわけです。

山口　すばらしいお話ですね。

佐藤　そのあと学生たちにレポートを書かせたところ、「今まで自分たちは都市部の住人の感覚だった」と反省していました。同志社大学がある京都は一大観光都市です。その京都に比べると、吉野が今置かれている状況はまったく異なります。このままではお店をたたまなければいけないほど困窮し、自分たちの生活費さえままならない。そういう人たちの命と雇用をつなぎ留《と》めるために、「Ｇｏ　Ｔｏ　トラベル」をやったことには大きな意義があると学生たちは評価していました。

山口　Ｇｏ　Ｔｏをやらなければ、観光に依存する小さな地方都市はとてもやっていけません。深刻な死活問題です。

佐藤　大衆に根ざした公明党の主張によって、「Ｇｏ　Ｔｏ　トラベル」のキャンペーンが実現しました。新型コロナ対策が大衆目線、民衆目線に近づいてきたことを、私たちは評価しなければいけないと思います。

「Ｇｏ　Ｔｏ　トラベル」一時停止という苦渋の決断

山口　新型コロナウイルスの感染拡大を受け、２０２０年11月27日から札幌《さっぽろ》市《し》と大阪市で「Ｇｏ　Ｔｏ　トラベル」が停止されました。その後キャンペーン停止は拡大し、20年12月28日から21年1月11日までの年末年始の期間は、全国すべての地域でキャンペーンが停止されていました。赤羽一嘉国土交通大臣を中心にＧｏ　Ｔｏを推進してきた公明党としては、苦渋の決断でした。

　大都市ではどうしても人の動きが過密になりすぎますし、食事をするときにはマスクを外さざるをえません。お酒が入れば気持ちがおおらかになり、仲間と言葉を交わすうちに感染の元になってしまうこともあるでしょう。

年末年始のタイミングに合わせてＧｏ Ｔｏを思い切って停止し、１月８日からの「緊急事態宣言」でさらに「Ｇｏ Ｔｏトラベル」の停止が延びた結果、感染拡大のカーブがグッと右肩下がりになるかどうか。数字のうえではっきり効果が現れれば、人の動きと感染拡大の因果関係がはっきりします。Ｇｏ Ｔｏの停止中も感染者が大幅に増加したことから、感染拡大は「Ｇｏ Ｔｏトラベル」そのものが直接の原因ではなく、人の動きにつられて、人の接触が増え、飲食の機会を通じて拡大したとみるべきではないでしょうか。

佐藤　山口代表がおっしゃるとおりです。Ｇｏ Ｔｏを今続けるべきか、いったん中止するべきか。ここは科学的、技術的な話であって、政争の具《ぐ》にするような話題ではありません。人の動きが一気に加速するのが感染拡大の原因になっているのであれば、一度にたくさんの人が移動しないようなメッセージをリーダーが打ち出す。盆暮れや連休にみんながドッと移動するのではなく、バラバラに分散しながら旅行に出かけてもらう。こういうメッセージを打ち出せば、一カ所に大勢の人々が殺到することはありません。

山口　そう思います。「Ｇｏ Ｔｏトラベル」を政権批判の道具として使ったり、人々の不安心理を煽り立てる道具に仕立てるのは、好ましいことではありません。

もちろん感染拡大を防止することはたいせつです。だからといって、Ｇｏ Ｔｏを長期間にわたってストップしてしまえば、地方都市で事業をやっている人はとても耐えきれません。限界点をどこで見極め、ギリギリのところで適切な政策を実行していくか。世論を真摯に受け止めながら、政府与党は難しい判断をしているのです。

佐藤　Ｇｏ Ｔｏを政争の具にして、政権批判ばかりしている野党はだらしない。もちろん政権与党とは、良いときも悪いときもつねに野党から文句を言われる存在です。だけど民主党政権時代の公明党は、今の野党とは違いました。当時の公明党は政権与党を批判しつつ、建設的な政策提言を野党の立場からぶつけていたものです。

防災・減災にドローンを活用せよ

山口　熊本豪雨の被災地では、雨がすさまじくて防災無線の警報が聞こえないという声をよく耳にしました。特にお年寄りは、「ただちに避難してください」とアナウンスしてもよく聞き取れなかったりするのです。岡山県倉敷市の真備町では、逃げ遅れて１階で亡《な》くなった人が大勢いました。若い家族や消防・警察の職員が手伝いながら、高齢者の避難対策は早めに進める必要があります。

佐藤　防災無線はたしかに聞こえにくいです。私の別荘が箱根にありまして、ときどき防災無線の放送があります。激しい大雨になると、防災無線が何か言っていることはわかっても、具体的に何を呼びかけてどこに行けと言っているのかは聞き取れません。窓を開けて、ものすごい風の中バルコニーに出て、ようやく話の内容が聞こえるくらいです。

山口代表のお話をうかがっていて思ったのですが、これからの時代は災害時に行政がドローン（無人機）を活用してはどうでしょう。今は小型の機械であっても、相当大きな音でアナウンスできます。2階の窓のできるだけ近い場所から「家の中におられますか？　非常に危険な状態です！　ふだんと同じような雨ではありませんよ！　皆さん外に出て避難してください！」「避難所まで車で送ることもできますよ！」と呼びかけるのです。赤外線センサーで探知すれば、人の体温を感知して誰がどこにいるのかわかります。

避難所で高熱を出している人がいないかどうか、体調が悪くて動けない人がいないかどうか、小型ドローンで撮った映像で様子を見るのも一案です。プライバシーへの配慮と両立しながら、「どうもここでは感染症が拡大してしまっているようだ」という状況変化をかなり早くつかめます。ドローンは小中学生でも飛ばせるくらい操作が簡単ですから、公明党として災害へのドローン活用をぜひ検討していただきたいです。

中型のドローンであれば、食料や水を積んで家の前で落とすこともできます。救援隊が行けず孤立した場所で、とりあえずすぐに必要な水と食料を運ぶことができますからね。

山口　熊本豪雨が起きた球磨村では、橋がことごとく崩落して、ただ一つの道路は崖崩れによって寸断されて通れませんでした。自衛隊がなんとかそこを押し開いて、救援の手を差し伸べています。そういう地域に医薬品や食料、水を届けるときに、ドローンはたいへん有効ですね。

佐藤　自民党でドローン活用を推進している議員は、どちらかというと兵器としての大型ドローンに関心が強い人が多いです。公明党議員であれば、人間主義の観点からドローンとテクノロジーを平和利用できます。理科系の教育を受けている国会議員も公明党にはたくさんいますから、公明党が中心となってドローン活用を進めるべきです。

公明党の地方議員は、ドローンの運営と操縦なんてすぐできるようになりますよ。公明党議員がドローンを使ってみずから被災地を支援する2～3年後の姿が、作家である私には今から想像できるのです。

山口　自然災害の被災地を訪れてみると、人の目が届かないところはいっぱいあります。

河川の近くに人が行って「ここが決壊するかもしれない」とか「海の際を走っている道路が崩れそうだ」「地割れができていて危ない」と見極めるのは大変です。天候が悪いときほど、遠隔操作の機械を使って上空から点検するやり方は良さそうですね。

自衛隊ＯＢのサバイバル術

山口　あまり知られていないのかもしれませんが、自衛隊のＯＢを危機管理監として採用する自治体が増えてきました。災害派遣など危機対応の経験が豊かな人材に、感染症対策も含めて動いてもらうのです。

佐藤　非常に重要です。自衛隊には国防の機能と同時に、災害から国民を守る機能がありますからね。外国から侵略を受けた場合の防衛は、現職の自衛官がやるべき仕事です。自衛隊の現役から外れた人は、自衛隊で働いていたときに得たノウハウを平和的に生かすのです。

　公明党は、生命尊重と人間主義の価値観を重視します。人間主義と平和主義に基づいて、公明党の主導によって具体的な予算と定員をつけていく。自衛隊ＯＢを防災・減災に生かし、災害に強い強靱《きょうじん》な日本を作っていく。公明党らしい政策です。

山口　自衛隊ＯＢには、ＰＫＯ（国連平和維持活動）に参加して厳しい環境に身を置き、人道支援の仕事をしてきた経験がある人がいます。

佐藤　日本国内へ災害派遣され、さまざまな現場を経験した人もいます。

山口　自衛隊は24時間３６５日、自己完結で現場に張りついて、そこで寝泊まりしながら救援活動を続けていく強い組織です。いきなり放りこまれた現場で、どうすれば避難生活をしのげるかという知識も経験も豊かにもっています。

　そういう人が危機管理監として常駐していれば、いざ災害が起きたときに、自分の経験を自治体の仕事に取り入れて役立てることができます。彼らのノウハウは、日頃の防災訓練の中でも生きていくでしょう。

佐藤　目の前にある水を飲んでいいのかいけないのか。濾過《ろか》装置や給水機がない現場で、どうやって簡易濾過をやればいいのか。自衛官であれば、こういう訓練を基本的に誰でも受けています。

　私は公明党が与党であることの意味を、読者の皆さんに強く訴えたいのです。野党の立場からいろいろ良いアイデアを出すこともできますが、野党には予算をつける権限がありません。私はもともと外務省の役人ですから、予算よりも定員をつけるほうが大変であることがよくわかります。予算は一回限りつければ済むことが多いのですが、定員は恒常的に必要ですからね。

危機管理監の定員を、公明党の地方議員がきちんと各自治体で恒常的に確保していく。これは日本の防災・減災対策にとって、構造的変化を生むはずです。

山口　非常にたいせつな提言です。

佐藤　もう一つ提言があります。公明党の党本部に、データ・サイエンティストを3人くらい雇用したらどうでしょうか。各地域の自治体は、感染症患者の統計をバラバラに出しています。その公開情報を集めて、公明党本部で集計するのです。データ・サイエンティストであれば、感染の流れがどうなっているのか政府よりも早く読めます。

自然災害の被災状況についても、各自治体が発表している公開情報を集約して、データ・サイエンティストが公明党本部で集約するのです。山口代表、こういう仕事には大勢の人数は要りません。基本的な訓練を受けているデータ・サイエンティストが、少数精鋭でたった2～3人いればいいのです。

災害列島日本の防災・減災対策のために、ぜひ前向きにご検討ください。

第6章

若者たちが日本の未来を開くために

若者に蔓延する政治への無関心

山口　内閣府が5年に一度実施している若者の意識調査があります（「我が国と諸外国の若者の意識に関する調査」）。日本、韓国、アメリカ、イギリス、ドイツ、フランス、スウェーデンの7カ国を国際比較した、興味深い調査です。「あなたは、今の自国の政治にどのくらい関心がありますか」という質問への答えを見ると、日本の若者は２０１３年が50・1％、18年は43・5％と、5年で6・6％も割合が低くなりました。

佐藤　なるほど。ほかの6カ国はどんなデータが出ているのですか。

山口　ドイツ（70・6％）、アメリカ（64・9％）、イギリス（58・9％）、フランス（57・5％）、スウェーデン（57・1％）、韓国（53・9％）の順番に政治への関心が高く、日本は7カ国の中で最低なのです。好意的に評価すると、「日本の若者は政治に対する実質的な満足度が高い」「だから反抗して政治を変えさせようというところに至らずに済んでいる」とも言えます。

佐藤　否定的に評価すると、「日本の若者は政治に無関心すぎる」ということになります。

山口　「政治は自分たちの手で変えることができるし、変えなければならない」という動機が弱すぎるのはたしかです。政治家が若者向けの政策を怠《おこた》ってサボタージュしても、若い有権者から反発を招かない。これでは少子高齢化が進む中、若者への負担がますます増えていきます。若い人だけが損することがないよう、政治への無関心を食い止めなければなりません。

16年7月の参議院議員選挙から、日本では18歳選挙権が導入されました。それまでは20歳以上でないと投票権がなかったのですが、18～19歳の高校生や大学1年生も投票できるようになったのです。そのような改革がなされながらも、世界と比べて、日本の若者は政治からちょっと遠いところにいるのが現状です。

ヘーゲルの「欲望の王国」

佐藤　私はちょっと突き放して見ていて、代議制民主主義が始まった１７８９年のフランス革命までさかのぼって考えなければいけないと思うのです。代議制民主主義とは、政治の業務はプロに任せるということですよね。政治をプロに任せたあと、大衆はどうするのか。大衆は経済活動、文化活動、芸術活動を行い、欲望を追求していきます。

ヘーゲル（ドイツの哲学者）は市民社会（資本主義社会）を「欲望の王国」と表現しました。泥棒がいない。強盗がいない。外敵が侵入してこない。政治がこういう安全な枠を守る中で、市民社会は大衆にとって心地の良い「欲望の王国」として保たれるのです。

国民が政治に関心をもって、みんなが政治活動を行うようになるとどうなるのか。「経済が悪すぎる。政治家はこの現状をなんとかしろ」と積極的に声を上げる人が増えれば、既存の政治家は力を失います。こういう状況を利用して、革命家は人々を扇動して政治体制をひっくり返そうとするのです。

政治家は代議制民主主義のそもそも論のところに立ち返りながら、「若者が欲望の王国に吸収され、政治的に無関心であって良いのだろうか」という価値観をもたなければいけません。そうしなければ、ポピュリズム（大衆迎合主義）やナショナリズム（国家主義）の革命家によって社会を揺さぶられてしまいます。

では政治家は、どういう価値観をもって若者と対面していくべきなのでしょう。山口代表は東京大学法学部を卒業したあと弁護士になり、国会議員に転身しました。東京大学や早稲田大学、慶應義塾大学といった名門校を卒業したあと、その卒業証書を一生誇りにして生きていくこと自体は否定しません。でも「自分はエリート大出身だ」と言って、ほかの人間を見下すようになってはいけないのです。

その人は知識を身につけ、大学卒業の学位を得たかもしれませんが、人間としての知の力はどうなのか。「大学とは、大学に行けなかった人のためにある」という価値観をもつエリートが、大衆のために自分の叡智《えいち》を使うべきなのです。

山口　私たち公明党議員は、今佐藤さんがおっしゃった価値観をいつも心の底でたいせつにしています。

佐藤　中学校を卒業してすぐに働き始める人もいれば、高校を卒業したあと社会に出る若者もいます。大学や大学院まで進んで学んだ若者もいるわけです。一口に若者と言っても、彼らが置かれている条件は異なります。政治に対する若者の無関心を食い止めるためには、きめ細かい対応が必要なのです。

山口　一昔前の若い人は、「××主義」というイデオロギーによって無理やりかき立てられて政治参加していました。私や佐藤さんの世代の中には、大学紛争によって傷つき、若いころに政治参加したせいで一生を台無しにした人が大勢います。そういう様子を見た人が「ああいうことは繰り返したくない」「自分自身の生活だけに閉じこもろう」となりがちなのは、やむをえません。

近年の若者は、バブル崩壊と慢性的な長期不況によって「就職氷河期」世代と呼ばれます。就職や雇用の厳しい現実にさらされながら、彼らは政治の影響をもろに実感するようになりました。幸い安倍《あべ》晋三《しんぞう》総理の自公連立政権によって、若者の雇用は拡大され、失業率は大きく改善しています。今の若い世代は、そのことをもろに実感しています。

昔ながらの対立もイデオロギーも関係なく、政治の現実をありのままに見る若者が増えてきました。若い人が自らの声を政治に届ければ、政治は確実に変わります。自分たちの声が政策実現に至るプロセスをもっと知ってもらえれば、政治に対する若者の無関心は少しずつ変わっていくはずです。

民主党政権が破壊した政治への信頼

佐藤　ニクラス・ルーマンというドイツの社会哲学者が『信頼　社会的な複雑性の縮減メカニズム』（勁草書房）という本を書いています。ルーマンは「信頼によって、世の中にあるさまざまな複雑性を減らすことができる」と言うのです。政治やビジネスの世界では、未来を正確に予測することは誰にもできません。だから人々は、とりあえず政治家を信頼するのです。

自分の目で判断して横断歩道を渡るよりも、信号機を信頼したほうがラクですよね。電化製品のマニュアルにしたって、そこに書いてあることを疑いの目で見ても仕方ありません。多少裏切られたり騙《だま》されることがあっても、信頼は維持されます。「この一線を超えなければ大衆の信頼は維持される」という「信頼の閾値《いきち》」があるのです。

ところが２００９年９月に民主党政権ができてから、政治に対する人々の信頼が失われてしまいました。最初にできた鳩山由紀夫《はとやまゆきお》政権は、とても高い信頼から始まっています。でも鳩山総理の一連の政治を見た大衆が「この政治家はちょっと変わっているな」と不信感を抱き始め、菅直人《かんなおと》政権に変わりました。

菅直人政権も最初は支持率が高かったのですが、「この政治家もかなり変わっている」と評価され、野田佳彦《よしひこ》政権に変わります。野田政権の最初のころまでは支持率はそこそこ高かったのですが、とうとうルーマンが言うところの「信頼の閾値」から外れてしまいました。

山口　今の自公政権は、まさに政治に対する破壊的な不信から始まったのです。だから12年12月に第２次安倍政権ができた当初は、積極的な支持ではありませんでした。最初のころは「あのひどい民主党政権よりはマシだろう」という相対的な選択だったのです。

佐藤　閾値を外れて「もういいわ」と思われてしまうと、政治に対する大衆の信頼は容易には回復できません。民主党に対する信頼が戻らないだけでなく、「政治とはこんなものだ」という形の汚染が、政治全域に広がってしまったのです。民主党政権が生んだ大混乱の後遺症を清掃しながら、なおかつ政治への信頼を新しく再構築していかなければならない。これが自公連立政権に今課せられている重要な課題なのです。

政権を安定させ、着実に課題を前進させた公明党

山口　政権を奪還したとき、我々は「自分たちが支持されていると過信しちゃだめなのだ」と自分自身に言い聞かせながら、謙虚に政治をやってきました。ヤケを起こし、自信過剰になり、傲慢になって政権を壊した民主党の罪はあまりにも重い。だからなんと言われようと政権の安定をとにかく確保して、着実に課題を前進させ、自公政権は徐々に徐々に政治への信頼を築き上げてきました。

佐藤　本書第5章でも語り合ったとおり、3・11の東日本大震災が起きた当時、山口代表は震災と原発事故への対応を政争の具《ぐ》にしない姿勢を明確にされました。また民主党政権

が言い出した「社会保障と税の一体改革」は長い視点から見て国家にとって必要だと判断して、賛成に回っています。こうした一連の行動によって、公明党は国民の信頼を勝ち得ました。当時の公明党は、自民党とはかなりニュアンスが違ったのではありませんか。

山口　ええ。公明党は「消費税を上げる？　それはけっこうだ」とはなかなか言えない政党です。「その結果、社会保障が充実するのか。財政再建の借金返しで使っちゃうんじゃないのか。それはだめだよ」と、私たちは民主党に言い張りました。「子育て支援を社会保障の柱にします」とか「消費増税による逆進性への対策もちゃんと入れます」と担保を取りながら、増税を合意したのです。

佐藤　そうしたやり取りを見た人たちの間で「公明党には政争を超えた何かがある」という印象が非常に強くなったのです。公明党は、民主党政権が破壊した政治への信頼を取り戻しました。

公明党が実現した「携帯番号ポータビリティー制度」

山口　公明党青年委員会は、若い人の声をきちんとつかみ、政策に実現させようと20年近く前から一生懸命努力してきました。２００６年10月には、「番号ポータビリティー（持ち運び）制度」を実現しています。

佐藤　今の10代、20代にとっては、スマートフォンの会社を変更したときに電話番号が変わらないのは、当たり前のことです。かつては携帯電話をドコモからソフトバンクやａｕに変更すると、全然違う番号に変わってしまいました。

山口　すると家族や友人知人にいちいち「携帯電話の番号が変わりました」と連絡しなければいけませんよね。これではあまりにも使い勝手が良くないということで、03年7月から公明党青年委員会（当時は青年局）が署名運動を始めました。私たちは１０１２万人もの署名を集め、携帯電話の会社を変更しても同じ電話番号を使える「番号ポータビリティー制度」をとうとう実現したのです。

　携帯電話やスマートフォンについては、民間企業による縛りがまだまだ残っています。端末を大幅に値引きして、高い通話料金を選択させて、そっちで稼ぐ。そういうやり方についても、修正を促しています。

佐藤　「2年縛り」なんていうワケのわからない慣習もありましたよね。2年間の契約期間の途中で携帯電話やＷｉ－Ｆｉを解約すると、１万円近い違約金を取られてきました。

19年10月以降、法改正によって「2年縛り」は廃止されています。

山口　内心「うーん、これはちょっと理不尽な制度だな」と不満を感じていても、若い人は携帯電話の会社が言う条件を呑《の》んで利用せざるをえません。だけど「あの人もこの人もみんな困っている。なんとかならないか」という声を束にして政治にぶつければ、道は開けるのです。その恩恵と結果は、若い人たちにストレートに返ってきます。

若者が声を出す。政治家はその声を集めて届ける。政策の形にして実現して、現場に戻す。公明党青年委員会は、このサイクルを実行してきたのです。

「ボイス・アクション」で若者の声を政治に届ける

山口　公明党青年委員会は、若い人たちが声を出せる場所を積極的に準備してきました。全国各地で「ユーストークミーティング」を開いています。一カ所につき10人、多くても30〜40人の単位です。50人、１００人の単位になると、人数が多すぎて声が出しにくくなってしまいますからね。

佐藤　なるほど。大勢が一堂に会する大集会も大事ですが、小単位の座談会をより重視しているのですね。

山口　小さい単位の集会で、みんなが自由に発言するのです。すると、若い人たちが今直面していること、心配していることがどんどん出てきます。「ユーストークミーティング」を繰り返す中で、優先度が高い要望、声が強い意見を位置づけて、政策として絞りこんでいくのです。

　続いて「VOICE　ACTION（ボイス・アクション）」という街頭アンケートを実施していきます。５つから10の政策課題を掲げて、「あなたはどれを実現してほしいですか」と街頭で声をかけてシールを貼っていただくのです。

佐藤　コロナ禍《か》によって、対面式の集会や街頭アンケートができなくなってしまいました。すると公明党青年委員会は、オンラインによる「ユーストークミーティング」を実施しています。

山口　若い人たちはパソコンやスマートフォンを使いこなしていますからね。20年8月には、「ユーストークミーティング」の結果を「青年政策２０２０」にまとめて、安倍総理のもとへ提言しに行きました。また公明党政務調査会で「VOICE　ACTION」の要望を政策化して、国会の質問に反映したり、予算要望に反映したりしています。

公明党は若者の声を聞きっぱなしではありません。皆さんから聞いた声を集約し、政策パッケージとしてまとめ、政府に届けて実現していきます。自分から声を出せば、政治に届く。「やっぱり黙ってちゃだめだな。声を出せばかなうことがあるのだ」と実感が湧けば、若者に政治参加への意欲が湧いてくるはずです。

公明党青年委員会のブラックバイト対策

佐藤　「公明新聞」を読んでいると、公明党青年委員会によるブラックバイト対策が私の心に非常に響くのです。大学生がもつ学問で得た能力は、社会人とさほど変わりません。しかし、学生は社会的な経験が足りないがゆえに、不当な労働環境で搾取《さくしゅ》されるブラックバイトの職場で声を上げられないのです。こういう若者に救いの手を差し伸べているのも、公明党の特徴だと思います。

山口　若者の経験不足、知識不足につけこんで、からめこんで搾取する。こういう悪質な職場は、ただちに改善していかなければいけません。

佐藤　公明党青年委員会の一連の活動を見ていると「百聞は一見に如かず」という言葉を

思い起こすのです。さらに「百見は一考に如かず」「百考は一行に如かず」。まず現実を見たり聞いたりするだけでなく、現場を見て考える。考えたうえで行動するという原則で動いているように思えます。こうした一連のサイクルが、公明党青年委員会の中にしっかりと根づいているのです。

山口　私は公明党が野党だった時代に、政治家としての活動を出発させました。公明党が連立政権に参加するようになると、国の役割、都道府県の役割、市区町村の役割を地方議員と分担し、合わせ技で立体的に政策を実現できるようになりました。「ネットワーク政党」公明党の力をまざまざと実感しながら、仕事を進めています。

公明党の内部では、政策がグルグルと循環しているのです。地方議員が声を集め、良かれと思って国に求めて政策を実現します。しかし、実際にやってみたら、良い面もあるけれども、まだ足りないところもある。あるいは実効性が薄いところもあります。すると「ここはこういうふうに変えたほうがいい」という声がすぐさま跳ね返ってくるのです。

そうした声を受けて、政策に改良の手を加えていきます。こういう循環と繰り返しによって、政策のサイクルと体系が生まれるのです。公明党青年委員会は、そのサイクルの先頭に立ってがんばっています。

佐藤　公明党青年委員会が積み重ねている努力を陰徳に終わらせず、世間に広く知らせていく。それが私のような外部有識者の仕事です。

若者からの「やりがい搾取」を食い止める

山口　政治に関心がない若者が多くいる一方で、公明党を支持する青年層は、常日頃から真摯に政治に向き合っています。若い世代はもともと、自分が信じる理想や価値観を追求する素直で自然な気持ちを、誰しもがもっていると思うのです。昔の連合赤軍事件のように、誤った理想や価値観で突っ走ってしまうと、人の命を奪い傷つけても平気になってしまいます。

公明党を支持する若者は、国連のＳＤＧｓ（持続可能な開発目標）に賛同してきました。「誰一人取り残さない」「誰一人置き去りにしない」というＳＤＧｓの基礎的な理念を多角的に展開して、国際社会で共有していく。これはとても大事な活動です。

佐藤　まったく同感です。ＳＤＧｓは遠い外国の話をしているのではなくて、身近なところにも通じていくのですよね。「持続可能な働き方改革」とでも言いましょうか。仕事を始めて10年目くらい、中堅の若手への目配りが重要です。会社に入ってすぐの若い人たちは情熱がありますから、猛烈にがんばりすぎてしまうことがあります。がんばりすぎて、途中で心がポキッと折れて燃え尽きてしまうことがあるのです。

その手前の段階で「すべての面で完璧であろうとしなくてもいいんだよ」「人間にはいろいろな欠陥があるし、これからの成長もある。失敗したっていいんだよ」と声をかけ、「このへんで一休みしたら?」とストップをかけてあげなければなりません。本人は「自分は若くていくらでも体力がある」と思っているから、なかなかブレーキを踏めないものです。ブラックバイトや過酷な職場でやりがいを搾取されている若者に対して、外からブレーキを踏んであげる。成果主義に駆られてがんばりすぎず、社会の中ですり潰されないようにしてあげる。こういう手助けが重要なのです。

「生産性」という尺度では測れない中小企業の底力

佐藤　山口代表は中小企業の事業所を足しげく回っておられるので、皆さんの苦労が皮膚感覚でよくわかると思います。コロナ禍において「中小企業の再編を進めるべきだ」という議論は、全部凍結するべきです。

　単純に社長の数を半分に減らしてＭ＆Ａ（合併・買収）を進めれば、中小企業全体の生産性が向上して倍になるわけではありません。今やらなければいけない議論と、中長期的な視点で日本経済のためにやるべき議論をごちゃ混ぜにして、中小企業再編の議論を拙速にやるべきではないと思います。中小企業対策にどうやってプライオリティ（優先順位）をつけていくのか。この点について、２０２１年に入ってからの公明党の役割はますます高まっていきます。

山口　効率性ばかりを重視すれば、中小企業の生産性が上がるわけではありません。私は日本の中小企業の役割とは、単純に成果物（商品）を労働力の延べ時間で割ったものでは測れないと思うのです。それに中小企業の労働者が、誰にでもできる単純労働を繰り返しているわけではありません。中小企業の目に見えない働きについて、適正に評価されていない面があるのではないでしょうか。

佐藤　そのとおりです。バネひとつとっても、ネジひとつ作るにしても、熟練の匠《たくみ》の技がなければ良いものはできませんからね。

山口　コンピュータでは機械化できない技術を、中小企業の労働者は自分の手指を動かしながら生み出しているのです。

日本の科学技術力は、国際的に比較して衰えてきたと近年指摘されます。目に見える成果物が早くできることばかりを要求されれば、開発者はじっくりと腰を落ち着けて研究に取り組めません。今すぐ評価しきれない仕事であっても、長い目で辛抱強く大事に積み上げていく。その積み重ねのうえに、いずれ花が咲くのです。

政治と大衆の距離を縮める公明党の若手議員

佐藤　公明党青年委員会の議員と活動が、日本政治を良くしていることは間違いありません。30～40代の若手議員がこれだけ積極的に前に出て、自分の頭で考えて行動している政党はほかにありません。ほかの政党は、「50歳でも60歳でも青年なのだ」という感じですしね（笑）。青年委員会というよりは「青年指導委員会」みたいな感じの政党もあります。こういう政党では、上から「この仕事をやれ」と命令が降ってくると「ええっ、やるんですか……」という後ろ向きの雰囲気がプンプン漂ってくるのです。

公明党青年委員会は、党幹部から命令された仕事を機械的にこなすわけではありません。

30～40代の若さだからこそわかる皮膚感覚を生かしながら、自発的に若者向けの政策を考えていく。これが公明党の強さです。

山口　公明党もこの10年20年で、世代交代がだいぶ進んできました。地方議員を含めて、30～40代の若手議員が意欲的に活動し、全国津々浦々で若者の意見を吸い上げています。

佐藤　公明党には「行き過ぎた政教分離」があることを、私は山口代表との前著『いま、公明党が考えていること』（21～22頁）で指摘しました。近年は、公明党議員が自分の支持母体である創価学会について、遠慮せず語るように変わってきています。創価学園や創価大学で学んでいたころ、創立者（創価学会・池田大作第三代会長）と出会ったときの記憶についても、躊躇《ちゅうちょ》なく発言するようになりました。これは山口代表が『公明党50年史』（『大衆とともに――公明党50年の歩み　増訂版』）の冒頭で、党創立者である池田会長についてしっかりと記録したことが強く影響しています。

公明党議員の一人ひとりは心の中でたいせつな価値観をもっているのに、遠慮して口に出しては語らない。「行き過ぎた政教分離」によってピリピリしていると、外部からは「この政党にはどうも隠し事があるようだ」と見えてしまいます。でも実際にオープンに心の内を語ってみれば、アレルギー反応なんてほとんどないし、誰もそのことを気にしない。

公明党の若手議員を中心に、「価値観政党」であることのアイデンティティを遠慮なくどんどん語っていけばいいと私は思います。

ネット上の誹謗中傷とヘイトスピーチ

佐藤　２０２０年5月、女子プロレスラーの木村花さんが自殺する痛ましい事件がありました。木村さんはテレビ番組にも出演して人気だったのですが、ネット上でひどい誹謗《ひぼう》中傷を受けて耐えられなくなってしまったのです。ネットにおける誹謗中傷被害の防止と救済対策は、若者を取り巻く大きな政治課題になっています。

山口　被害を受けた人が泣き寝入りするしかなく、救済の道が閉ざされている。こういう現状は早急に改善しなければなりません。ブログやＳＮＳ、ユーチューブで誰でも自由にメッセージを発信できるようになったのは、良い面もたくさんあります。大メディアだけが、独占的に情報を操作する時代ではありません。説得力があれば、個人の情報発信でも万単位の人にちゃんと広がっていく。そういう道具がネット上にできたのは、とても良いことです。

だけれども、その道具を他人の誹謗中傷、攻撃の道具にしてしまうのは本末転倒です。ネット上で名誉毀損や不当な人格攻撃が起きたときには、救済する仕組みを整える。これは政治の仕事です。それと同時に、木村花さんのような事件を起こさないモラルを、社会の中で地道に高めていかなければなりません。

佐藤　今、山口代表がおっしゃった「モラルを高めていく」という視点は、まさに「価値観政党」としての公明党の特徴です。ネット上で誹謗中傷され、ヘイトスピーチを浴びる人がいたとき、まずは攻撃されている人を救済する。究極的には、他人に憎しみの感情をぶつけてしまう人の心のありようまでも変えていく。「ヘイトスピーチをしている人をも救わなければならない」という視点は、人間主義を掲げる公明党の政治家でなければ出てきません。

それから、誹謗中傷やヘイトスピーチは公明党を取り巻く課題でもあります。「公明党」というキーワードで検索してみると、インターネット環境ではロクな話が出てきません。

山口　ええ。公明党議員自身も、出所不明の怪しい噂話《うわさばなし》に基づく攻撃の被害に遭ってきました。もちろん政治家は、さまざまな批判の声を受けて立たなければいけません。しかし、デマや誹謗中傷による不当な攻撃は論外です。

ネット上の人権侵害と戦う弁護士の公明党議員

佐藤　誹謗中傷やヘイトスピーチをネット上で行っている人たちも、心の中でとても苦しんでいるのだと思います。自分が満たされる職業に就けない。収入が少なくて生活が厳しい。体の調子が悪い。家庭不和がある。「なんで自分だけこんなに苦しまなければならないのか」と腹が立って、幸せそうに暮らしている人を見て他罰的になってしまうのでしょう。

山口　木村花さんの自殺を受けて、弁護士資格をもつ公明党青年委員会の議員が、「インターネット上の誹謗中傷・人権侵害等の対策検討プロジェクトチーム」（ＰＴ）を立ち上げました。２０２０年６月、ＰＴは高市《たかいち》早苗《さなえ》総務大臣、森雅子《まさこ》法務大臣に提言を提出しています。公明党の提言を受け、悪質な投稿をした人の電話番号を8月31日から開示できるようになりました。総務省を中心に、これから政府が本腰を入れて対応していきます。

　プロバイダなどネット関係の仕事に携わる事業者は、健全なＳＮＳの使い方の啓蒙《けいもう》、教育、啓発活動をしっかりやるべきです。そのうえで、政府がやるべきこともあります。総務省がやるのは通信の管理ですよね。人権という観点では、法務省の人権擁護局に強い権限があります。たとえば「自分のことを誹謗中傷するネット上の発信があった。削除してもらいたい」と被害者から訴えがあったとき、法律に反しているか吟味するのです。そのうえで、「これは違法である疑いが強い」という投稿については業者に「削除してください」と勧告します。

法務省人権擁護局から「これはアウトだ」とか「これは黄色信号に近い」とレッドカードやイエローカードを出されたら、それだけで違法性がかなり高い。こういう勧告を基準として、ネット関係の事業者が自主的に人権擁護に協力していく流れが生まれるといいと思います。

悪意の書きこみをする「名無しの権兵衛」をあぶり出す

山口　ＳＮＳや掲示板、ユーチューブでの発信者は匿名であることも多いため、誹謗中傷やヘイトスピーチが発信されても、誰が記事を書いたり動画を投稿しているのかわかりません。法的な手続きを取りたくても、そもそも相手とその居場所がわからないのです。

「プロバイダ責任制限法」という法律を使って手続きを尽くしていくと、最後に発信者が開示されることもあります。その作業には手間も時間もかかりますし、容易には発信者の情報までたどり着けません。

佐藤　ロシアや中国あたりのサイトを経由して、痕跡を消すことは簡単にできますからね。そういう場合、国際協力を得なければＩＰアドレス（ネット上の住所）までたどり着けません。私が検討するに値すると思うのは、ユーチューブルールの活用です。巨大民間企業であるユーチューブは、自分たちの生き残りのために自主規制を始めました。「名誉毀損を受けた」とか「知的財産権を侵害された」という通報を合計3回受けたアカウントは、強制的に凍結してしまうのです。

　またユーチューブには、残虐な動画やポルノ動画はありません。仮にそういう動画を投稿しても、ユーチューブのパトロールに引っかかってすぐに削除されます。あのユーチューブのやり方は、今後世界的なデファクト・スタンダード（業界標準）になっていくのではないでしょうか。そうなれば、罰則つきの法整備をしなくても、民間企業の自主規制によってネット環境を健全に保てます。

山口　20年8月の（総務）省令改正によって、情報発信者の電話番号を素早く開示する仕組みができました。電話番号がわかれば、発信者の氏名や住所にグンと到達しやすくなります。「誹謗中傷やヘイトスピーチをしている人は、電話番号を教えてしまいますからね」という建てつけに最初からなっていれば、電話番号を知られたら困る人の行動の抑止力になるでしょう。

掲示板やＳＮＳの運営者には、まずい発信を削除してもらうよう要請する。誹謗中傷やヘイトスピーチをする人に対して、今後そういう発信をしないよう警告する。あるいは、人の名誉を傷つけたり侮辱する投稿を、名誉毀損罪や侮辱罪で刑事事件として訴える。損害賠償、慰謝料を請求する。こういう何通りかの対応策があります。

それよりも何よりも、業界が自主規制のルールを整備することが大事です。情報を発信する側も、情報を受け取る側も、あるべきＳＮＳの使い方を心得る。こうなれば、ネットとスマートフォンが人を傷つける武器として使われないようになります。

公明党系ユーチューバーの誕生

佐藤　私から山口代表に提言があります。「VOICE ACTION」や「ユーストークミーティング」といった活動についてユーチューブで発信する「公明党系ユーチューバー」を育成していってほしいのです。これまでも公明党は「コメ助」というキャラクターを作ったり、スマートフォンのアプリを使って情報発信してきました。今の時代はユーチューバーも重要です。

「自分は公明党を支持している」という価値観がしっかりしている芸人さんやアーティストにお願いして、ここぞというときには動画に出演して公明党の政策を説明していただくのはどうでしょうか。10分、20分という長さではなく、細かい尺で話題を刻んで、期間限定でユーチューブに投稿するのです。

　同じことをやるにしても、どうやって見せていくかによって受け手の印象は大きく変わってきます。

山口　公明党青年委員会の若手議員は、ユーチューブやフェイスブックなどの道具を躊躇《ちゅうちょ》なく使いますからね。ぜひ進めたいと思います。

佐藤　ちなみに、山口代表もユーチューブの世界ではけっこう人気があるんですよ。ご自分ではご覧にならないでしょうけど、ユーチューブを検索してみると、番組出演や街頭演説、記者会見の動画がたくさん出てきます。

山口　ああ、そうなの。それは知らなかった（笑）。

佐藤　公明党のファンに向けて、「公明党系ユーチューバー」がどんどん動画を投稿してほしいと思います。

第7章

公明党の新しい挑戦

不妊治療への保険適用を実現

佐藤　２０２０年9月16日、菅《すが》義偉《よしひで》内閣が発足しました。10月26日の所信表明演説で菅総理は、不妊治療への保険適用、携帯電話料金の引き下げを公約しています。いずれも公明党が以前からずっと主張してきた政策です。

山口　公明党としても、二つの公約にはとても共感を覚えました。これには伏線がありまして、公明党は20年前に大署名運動を実施しているのです。

　不妊治療については、不妊の原因の検査など一部にしか保険が適用されません。体外受精など不妊治療は自費でやらなければならず、１回当たり数十万円もの負担がかかってきました。それを何度も繰り返すわけですから、多くの方が１００万円、２００万円と治療費を自己負担してきたわけです。

　新進党の解党後、１９９８年11月に新生・公明党の結成大会が開かれました。この場で採択された「基本政策大綱」で、公明党はすでに不妊治療への保険適用を実現すると表明しています。公明党の女性委員会が署名運動を実施し、２０００年4月には当時の厚生大臣に55万人の署名を届けました。

佐藤　公明党の坂口力《ちから》厚生労働大臣の時代に、歴史上初めての支援措置として一部ではありますが、不妊治療への助成が始まりました。

山口　ええ。04年度から助成が始まりました。夫婦二人の年間所得が７３０万円未満であれば、初回は30万円、２回目以降は15万円を上限として不妊治療の費用を助成します。妻の年齢が40歳未満であれば６回まで、40歳以上43歳未満であれば３回まで助成が受けられます。コロナ禍《か》の特例措置として、20年度は年齢制限を１歳引き上げました。

菅総理が所信表明演説で公約したからといって、すぐさま保険適用が実現するわけではありません。議論を整理しなければいけませんし、不妊治療に携わる医療従事者から納得と理解を得る時間も必要です。そこで20年度の補正予算（21年１〜３月の３カ月分）と21年度予算（21年４月〜22年３月）を「15カ月予算」として一体的に編成し、現行の助成措置を21年１月から大幅に拡充しました。１回30万円で子ども一人当たり６回までとし、妻の年齢が43歳未満は変更せず、所得制限を撤廃し、事実婚も対象とすることにしたのです。

佐藤　「15カ月予算」を使って切れ目なく不妊治療を応援しながら、１年後には保険適用へとスムーズに移行するわけですね。

山口　20年12月15日には、自公政権がこれまで進めてきた「全世代型社会保障」の改革が閣議決定されています。これにより、22年4月から不妊治療への保険適用を実施する方針が正式に決まりました。

20年以上という長い時間がかかりましたが、ようやく公明党の悲願が成就《じょうじゅ》したのです。

携帯電話、スマートフォンの料金引き下げ

佐藤　第6章でも少し触れた携帯電話の料金引き下げについても、菅総理が就任早々、所信表明演説で約束しました。

山口　公明党の神﨑《かんざき》武法《たけのり》元代表が郵政大臣を務めていた１９９４年、規制緩和によりレンタル制だった携帯電話を買い切り制としました。これにより一気に普及が進んだのです。

また、２０００年に公明党は、料金を引き下げる署名運動を行いました。１３５２万人もの膨大な署名を集め、２０００年2月に政府に提出しています。その署名をもとに政府に提言した結果、同年7月に大手携帯会社が値下げを実施しました。

さらに、第6章でもお話しした電話番号を変えずに携帯電話の契約会社を変えられる

「番号ポータビリティー（持ち運び）制度」の実現に向けても大署名運動を実施しました。１０１２万人もの膨大な署名を集め、２００３年９月に政府に提出しています。この制度は06年10月に実現しました。１０００万人を超える人々が共感した政策を公明党が打ち出せば、現実のものとなる。署名に協力してくださった方々は、自分の声が社会を変えられることを実感したのではないでしょうか。

　菅総理は総務大臣の経験がありますし（06年9月〜07年8月）、安倍《あべ》政権時代には7年半以上にわたって官房長官を経験されています（12年12月〜20年9月）。その経験の中で、番号ポータビリティー制度を実現したときのように、携帯電話の料金引き下げはできると確信したのでしょう。ただし料金引き下げは、法律を作って無理やりソフトバンクやドコモ、ａｕに「値段をここまで下げろ」とは言えません。

佐藤　日本では統制経済はできませんからね。

山口　国際社会に比べて、日本の携帯電話やスマートフォンの料金は高止まりと言ってもいい状況です。四つ目、五つ目の参入社を迎え入れて競争原理が働けば、大手3社の間で自然と料金引き下げの流れが生まれます。

　公明党は15年12月、通信利用量に応じたきめ細かい料金プランを設定するよう促すべきだと政府に提言しました。その後大手各社は、通信量が少ない人は月額利用料を値引きするなど、従来よりも安い料金プランを導入しています。この流れを加速するべきです。大手各社が20年末から21年にかけて、新料金プランを発表したことは、歓迎すべきことです。

佐藤　今や携帯電話やスマートフォンは、電気やガス、水道に並ぶ生活インフラですからね。料金引き下げの流れが加速するよう期待しています。

75歳以上の医療費負担問題で踏ん張った公明党

佐藤　菅政権発足直後、後期高齢者（75歳以上）の医療費負担をめぐっても、公明党の目覚ましい活躍がありました。政府と自民党は、現行の負担を１割から２割に引き上げ、その対象は「年収１７０万円以上」にするべきだと主張しました。この案に公明党は強く反発し、「年収２４０万円以上」をボーダーラインにするべきだと踏ん張りました。

　２０２０年12月４日に田村憲久《のりひさ》厚生労働大臣、自民党の下村博文《はくぶん》政務調査会長、公明党の竹内譲《ゆずる》政務調査会長が協議したものの、折り合いがつきません。12月６日には自民党の二《に》階《かい》俊《とし》博《ひろ》幹事長、公明党の石井啓《けい》一《いち》幹事長が話し合ったものの、それでも決着がつきませんでした。

　最終的に12月9日、菅総理と山口代表の会談によって「年収２００万円以上」という線引きで決着しています。「年収１７０万円以上」という線を絶対に譲らないかに見えた菅総理の心を、山口代表が動かしました。

山口　菅総理も自民党も、国民健康保険や他の健康保険の組合の声はよく聴いているのだと思います。健康保険を運用する事務局は、若い世代から受け取った保険料が後期高齢者の医療費にどんどん使われていく様子を、目《ま》の当《あ》たりにしているわけですよね。

　しかもこれから団塊の世代（１９４７～49年生まれ）がドッと後期高齢者に突入し、医療費がますます増えることは目に見えています。若者は減る。後期高齢者は増える。医療に使うオカネはどんどん増える。いったいどうすればいいのか。

佐藤　そのことは公明党は百も承知ですよね。

山口　ええ、私たちも百も承知です。

佐藤　その話を、なぜ今このタイミングでするのか、ということが問題なのです。

山口　新型コロナが収束していない中で、今議論を急ぐ必要はそもそもありませんでした。

まもなく後期高齢者になろうとしている団塊の世代の人たちは、強い不安を抱えています。医療費はどんどん増えていく。収入が増える見込みはまったくない。高齢者ほど命の危険に及ぶ感染症にかかったら、はたして自分の命は助かるのか。そもそも、どうやって生活していったらいいのか。不安がどんどん募っているわけです。

佐藤　そこにさらに不安を増やす材料を、政策的に今あえて入れる必要があるのか、という市民感覚の問題ですよね。

山口　日本の医療費は、新型コロナが流行し始めてから数千億円単位で下がっています。「医療機関に出かけると新型コロナにかかるリスクがある。そうなったら大変だから、なるべく病院には行かないようにしよう」という受診控えが起きているせいだと言われます。

ひょっとすると、病院に行かなくてもいい軽症だったのに、惰性で通院していた面もあるのかもしれません。だとすれば、新型コロナをきっかけに無駄な医療費を引き下げることができます。

あるいは逆に、病院に行くのを我慢したせいで、高齢者の病気がひどくなる方向に追いやってしまった面もあるかもしれません。数千億円単位で医療費が下がった原因について、厚生労働省がきちんと分析する必要があります。

まずは新型コロナに伴う国民医療費の動向を細かく分析して、次の医療政策に反映させよう。これが公明党の提案でした。

佐藤　非常に現実的な話です。

山口　自民党の中にも同様の意見を言う人もいるのですが、党内で議論してまとめようという働きが機能せず、「年収１７０万円以上の後期高齢者は２割負担」という数字ばかりが独り歩きしてしまいました。「菅総理対公明党の意見の違い」のように騒ぎ立てられるのは、お互いにとって心外です。そこで12月９日、菅総理と直接お話ししました。

佐藤　第１章でも語り合ったとおり、自民党が困窮した家庭に向けて「１世帯30万円」の給付をいったん決めたのを、山口代表が官邸に乗りこんで「一人一律10万円」の給付へとガラッとひっくり返しました。あのときの迫力をみんな覚えていますから、菅総理も相当緊張したのではありませんか（笑）。

山口　12月９日は、その話の決着をつけるためにわざわざ会ったわけではありません。もともと「１年の総括をして、次の年を展望しましょう」ということでお会いする予定が入っていたのです。

佐藤　そのときにたまたま大きな宿題がぶつかったわけですね。いずれにせよ、このトップ会談によって山口代表の力が発揮されたわけですし、「福祉の政党」公明党の位置づけも皆さんの目にきちっと見えました。

２０５０年までに「脱炭素社会」を実現

佐藤　２０２０年10月26日の所信表明演説で、菅義偉総理は２０５０年までに「脱炭素社会」「カーボン・ニュートラル（二酸化炭素の排出量をプラスマイナスゼロにする）」を実現すると宣言しました。

山口　公明党はこれまで一貫して「化石燃料ばかりに頼るエネルギー政策には限界がある。再生可能エネルギーをもっと拡大するべきだ」と主張してきました。

　20年1月23日の通常国会では、衆議院の代表質問で斉藤《さいとう》鉄夫《てつお》幹事長（現・副代表）が「２０５０年までにCO_2（二酸化炭素）の排出量をゼロにするべきだ」と訴えています。翌1月24日には、私も参議院の代表質問で「温室効果ガスの排出量を実質ゼロにすることを目指し、長期戦略を早急に策定して、日本が世界をリードする役割を果たすべきだ」と訴えました。

　菅政権発足直前、自民党がもってきた連立政権合意の原案には「脱炭素社会」とまでは書かれていなかったのです。そこで公明党はガンと提案し、自民党も政府も明言を避けた「脱炭素社会」という単語を、連立政権合意に加筆させました。与党の政権合意に気候変動対策に関する項目が入ったのは、これが初めてです。

それを踏まえて、菅総理は10月26日の所信表明演説で脱炭素社会とカーボン・ニュートラルの実現について、高らかに宣言しました。

佐藤　公明党が地球温暖化と気候変動の問題に敏感なのは、基本的な価値観と関係していると私は見ているのです。16年4月に発刊した山口代表との前著（『いま、公明党が考えていること』）の中に、その価値観がはっきりと書かれています。山口代表はこうおっしゃいました。

〈**山口**　公明党は結党当初から、すべてのイデオロギーを超越した平和を追求してきました。人間の生命だけが一番尊いわけでもありませんし、人間以外の動物や地球環境を犠牲にし続けることは許されません。そういう生命観が根底にあるから、公明党は結党以来ずっと「平和」「福祉」「環境」を重視してきたのです。

佐藤　いまで言う「エコロジー」という考え方を、公明党はいち早く先取りしていたわけですよね。

山口　だから強い。永続性がある。公明党には揺るぎない確かな信念があるのです〉
（71〜72頁）

公明党は人間だけでなく、動物や植物を含め、地球環境全体を生命体だと考えています。地球生態系の生命を重視するならば、脱炭素社会はどうしても実現しなければなりません。

地球という巨大な生命体を人類が毀損し、場合によっては取り返しがつかないほど破壊してしまうことがあってはならない。こうした強い思いは、公明党の根っこにある基本的な価値観から出てくるのです。根っこの価値観から出てきている発想ですから、その力は非常に強いですし、安易な政治的妥協なんてできません。

「そんなのできっこない」という冷笑主義と決別せよ

佐藤　「２０５０年までに二酸化炭素の排出量をゼロにする」と言うと、多くの人は「そんなのできっこない」と言うでしょう。でも挑戦する前から「できっこない」なんて投げ出してしまえば、目標なんて何ひとつ達成できません。

山口　公明党からの強い意見を受けて、菅総理が国会で２０５０年までの目標を宣言したことには、大きな意味があります。リーダーが目標を明確に示せば、その瞬間から官僚の姿勢も民間企業の姿勢も変わってくるのです。

地球温暖化対策について、日本では今まで「そんなのできっこないよ」「カーボン・ニュートラルなんてやろうとしたら、こっちの産業が打撃を受けるよ」という否定的な意見ばかりでした。

でも「脱炭素社会へ向かわない限り、日本が生きる道はない。世界が存続できる保証すらない」という大局、大道を明らかにすれば、「大変だけどそうしなければいけないな」という流れが生まれます。葛藤、もがき、苦しみを乗り越えて、近未来の大きな結果につながるのです。

日本が二の足を踏んで手前で止まっているうちに、脱炭素社会への移行はヨーロッパやアメリカの一部に先を越されてしまいました。この分野では、中国にも先を越されつつあります。菅総理は「もはや日本はとどまれない」と決断したのです。

佐藤　「そんなのできっこない」というシニシズム（冷笑主義）の超克は、公明党の原点でもあります。１９５４年11月、創価学会の戸田城聖第二代会長は「創価学会文化部」を創設しました。翌55年４月の統一地方選挙を皮切りに、創価学会は自分たちの同志を政界に送り出す活動を開始します。56年7月には参議院選挙にも挑戦し、学会員初の国会議員が誕生しました。61年11月には公明政治連盟（公明党の前身）が結成され、64年11月には公明党が結党されます。

戸田会長と当時の学会員が同志を政界に送り出した根っこには、あまりにも政治が腐敗しきっていることへの深い嘆きがありました。クリーンな政治によって、大衆が求める政策を着実に実現する。そのためには、仏教の哲理に根ざす自分たちが政治の世界に飛びこんで行くしかない。外側から声を上げるだけでなく、内側から現実に政治を変えるほかない。戸田会長と学会員はそう考えたのです。

１９５０年代半ばの創価学会は「貧乏人と病人の集まり」と揶揄《やゆ》されていました。「創価学会員の議員なんて当選するはずがない」とバカにされる中、統一地方選挙を勝ち抜く。「よもや国政選挙なんて通るはずがない」と冷ややかに笑われる中、「まさかが実現」と大新聞が驚く大逆転劇を成し遂げた。公明党は「そんなのできっこない」を一つひとつ乗り越え、今や連立与党の中で重要な地位を占めるところまで来たのです。

その公明党にとっては、30年後の２０５０年を見据えた「脱炭素社会」「カーボン・ニュートラル」の実現は、決して夢物語ではありません。無数の「そんなのできっこない」

を乗り越えてきた公明党にとっては、挑戦しがいがある大目標なのです。
山口　そう受け止めていただけると、本当にありがたいです。多くの政治課題が山積する中、私たち公明党は地球温暖化と気候変動の問題を「一丁目一番地」ととらえて挑戦していきます。

公害との戦いは「環境の政党」公明党の真骨頂

山口　公害との戦い、地球環境を守ることは「環境の政党」と呼ばれる公明党にとっての重要政策です。イタイイタイ病はかつて「風土病」とか「奇病」と言われていました。公明党議員は「この病気は公害によって引き起こされているのではないか」「鉱山から垂れ流される廃水に含まれているカドミウムが原因ではないか」と気づき、１９６７年5月の国会で追及しました。

　ここから状況が一気に動き、１年後の68年5月にイタイイタイ病は公害に認定されます。68年9月には、水俣病《みなまたびょう》も公害として認定されました。

　公害が注目される中、66年にカリフォルニア州が、アメリカの州としては初めて排出ガスの規制を決めます。70年にはアメリカの連邦議会で「マスキー法」(改正版の大気浄化法)が制定されました。

佐藤　これによって、日本製のアメリカ向け輸出自動車にも厳しい排ガス規制が義務づけられるようになりました。

山口　当時のアメリカの意図は、日本へのあからさまな輸出圧力です。「日本車はアメリカの自動車産業を妨害している。思いきり高い基準を義務づけて、日本の産業を阻止してつぶしてしまえ」という政策でした。

だけどその厳しい排ガス規制を、日本は高い技術力で乗り越えてしまったのです。「まいったな」と悲鳴を上げつつも「この課題をクリアしなければ、日本の自動車産業の未来はない」とかなり無理して技術開発に挑戦し、排ガス規制の壁を乗り越えました。

その努力の結果として、日本の自動車産業は世界有数の高い技術をもつ産業へと発展していったのです。公害対策、環境政策は、当時は「無理やり課せられた重し」のように受け止められていました。でもその宿題を解決してみれば、「公害対策、環境対策は企業にとって当然の務めだ」と織り込み済みの課題へと変わります。

技術開発によって産業が変わり、新しい競争力を生み出す。かつての自動車産業の経験に照らし、グリーン化とデジタル化という次の課題への挑戦が今始まったのです。

暴力革命政党・日本共産党の危険性

佐藤　話はガラリと変わりますが、２０２０年11月19日、私は名指しで日本共産党中央委員会の機関紙「しんぶん赤旗」から非難されました。〈フェイクの果ての「赤旗」攻撃　菅官邸を擁護する佐藤優氏の寄稿〉という大きな記事です。

　10月１日の「赤旗」のスクープによって、日本学術会議の新会員候補６人の任命を菅総理が拒否したことが明らかになりました。菅総理は、この問題にそもそもほとんど関心をもっていなかったと私は見ています。官邸の担当官が作ってきた書類を細かく精査することなく、首を縦に振って決裁しただけでしょう。それが「赤旗」に大騒ぎされたことは、菅総理にとって「もらい事故」のようなものだと『文藝春秋』（20年12月号）に寄稿しました。

　そのことについて「赤旗」は〈佐藤氏を知るメディア関係者は、「官邸の代弁をしている」といいます〉とトンチンカンな非難をしています。また私が『文藝春秋』で〈官邸からすれば、これは〝スクープ〟ではなく、〝情報漏洩《ろうえい》〟〉と書いたことは「官邸目線」だと言うのです。いずれも的外れとしか言いようがありません。私の論考が共産党の「党益」に反するものと映ったから、彼らは機関紙を使って猛烈に攻撃し、フェイクニュース呼ばわりしたのでしょう。

日本共産党の党益とは何なのでしょうか。「日本共産党綱領」（20年1月18日改定、カッコ内は引用者）には、こう書いてあります。

〈日本の社会発展（民主主義革命）の次の段階では、資本主義を乗り越え、社会主義・共産主義の社会への前進をはかる社会主義的変革が、課題となる〉

冷戦が終結して30年が過ぎた今も、共産党が革命政党だということがよくわかる一文です。２０２０年11月20日、以下の答弁書が閣議決定されました。

〈日本共産党は、現在においても、破壊活動防止法に基づく調査対象団体である〉（鈴木宗《むね》男《お》参議院議員の質問主意書に対する菅総理の答弁）

公安調査庁のウェブサイトには、共産党が今も〈暴力革命の可能性を否定することなく〉〈当庁は、共産党を破壊活動防止法に基づく調査対象団体としています〉と明確に書かれています。

こういう危険な暴力革命政党が「野党共闘」のアジェンダ（政策課題）を設定している

ことを、有権者は深刻な危機と受け止めるべきです。公明党機関紙委員会が20年11月に出版した『日本共産党の矛盾と欺瞞《ぎまん》　改訂版』という４４０円の冊子を読むと、共産党の危険性がよくわかります。

立憲民主党と共産党の連立政権を絶対に作ってはならない

佐藤　ワイドショーやニュースショーで流れているニュースを見ていると、私は１９３６年当時のことを思い起こすのです。36年の二・二六事件（陸軍青年将校によるクーデター未遂）のあと、新聞の社会面を賑《にぎ》わせる事件が二つ起こりました。5月18日の阿部《あべ》定《さだ》事件（5月20日に逮捕）、そして7月25日に上野動物園から黒ヒョウが脱走した事件です。恋人を絞め殺したあと男性器を切り落とした阿部定事件は、社会を震撼《しんかん》させました。

　当時の新聞を繰《く》ってみると、日本史の教科書で大きく扱われる二・二六事件よりも、黒ヒョウ脱走事件や阿部定事件のほうが比重が大きいのです。国民の関心事は、二つの事件に熱狂的に集中しました。その間に陸軍の統制派が力を伸ばし、軍部大臣現役武官制（陸軍大臣と海軍大臣は現役の大将ないし中将から採用する制度）が導入されたのです。この現役武官制によって、政党政治が完全に潰されてしまいました。

山口　二つの事件が大きな話題になっているのをいいことに、わざと現役武官制の危なさを見えづらくした面もあるかもしれませんね。

佐藤　このように、ワイドショー的な話題ばかりに人々の関心が向かうと、今起きている事柄の本質が見えなくなってしまうのです。

　新型コロナウイルスの感染拡大が始まった当初、立憲民主党を中心とする野党は「一時休戦」にせず、相も変わらず「桜を見る会」の問題を国会で声高に批判しました。思い返してみれば、「桜を見る会」の問題を最初にスクープしたのは「赤旗」です。共産党のアジェンダに乗っかり、野党はコロナ禍の中で与党批判を続けました。先ほど述べた日本学術会議の問題についても、最初にスクープしたのはやはり「赤旗」です。野党はこのアジェンダにも乗っかりました。

　暴力革命政党である共産党が、国会論戦における野党のアジェンダをことごとく作っている。その話題をワイドショーが連日おもしろおかしく騒ぎ立てる。このことの危険性を再認識するべきだと思うのです。

　今や共産党は、衆参両院本会議の総理大臣指名選挙で、立憲民主党の枝野《えだの》幸男《ゆきお》代表を首班指名しています。これは一種の統一戦線工作だと見るべきです。政権が大混乱して、もしまかり間違って自民党が選挙で大敗北したとしましょう。すると共産党も含めた連立政権が誕生する流れが、今生まれているのです。万が一そうなれば、戦時中の軍部支配のような形で、日本が急速に軍国主義化へと舵《かじ》を切る危険性があります。

山口　共産党が従来の路線を総括して綱領を変更し、違う行き方を標榜《ひょうぼう》するのなら話は別です。でも〈資本主義を乗り越え、社会主義・共産主義の社会への前進をはかる社会主義的変革が、課題となる〉という綱領を彼らはいまだに変えていません。

佐藤　「野党共闘」の流れを応援している人は、共産党は立憲民主党や国民民主党と同じような普通の政党だと勘違いしているのでしょう。共産党は今も暴力革命路線を引き下げてはいません。日米同盟を解消し、自衛隊を解散し、そのうえで憲法9条を改正して「自衛軍」によって自国を防衛する。共産党がこういう計画を夢想している危険な政党であることを、私たちはよくよく認識しなければなりません。

「暴力革命政党・共産党」と「人間革命政党・公明党」の戦い

佐藤　価値観をもっている政党と、価値観をもっていない政党が一緒になったときに、どちらが強いのか。たとえ少数政党であっても、価値観をもっている政党のほうが強いのです。自民党は特定の価値観をもつ政党ではありません。公明党は仏法の中道主義、人間主義、そして平和主義に基づく価値観政党です。その公明党の価値観に、自民党議員の政策は引き寄せられています。

ただし、価値観政党であればどこでもいいわけではありません。共産党のようにおかしな価値観をもつ価値観政党もあります。価値観をもたない野党が、共産主義と暴力革命という価値観をもつ共産党に引き寄せられている。この構図に気づくことが重要なのです。

共産党にとってみれば、連立政権の内側にいる公明党の存在は、共産主義革命と暴力革命を阻害する最大の要因です。

彼らの暴力革命を阻止するために、いちばん強い対抗手段は何でしょう。山口代表を前にあえて踏みこんだ言い方をしますが、私は人間革命だと思うのです。共産主義革命と暴力革命を阻止する手段は「反革命」という反動的なアプローチではありません。共産主義革命というやり方によって、社会制度の一部を変化させることはできるかもしれません。でもそのやり方では、中道主義、人間主義、平和主義を社会の隅々にまで行き渡らせることはできません。

〈一人の人間における偉大な人間革命は、やがて一国の宿命の転換をも成し遂げ、さらに全人類の宿命の転換をも可能にする〉（池田大作『人間革命』第1巻、聖教ワイド文庫、二〇一三年、八頁）

公明党創立者である創価学会の池田大作第三代会長が書かれた小説『人間革命』の主題こそが、日本共産党の共産主義革命と暴力革命に対抗するいちばんの防波堤になると私は思うのです。

河井克行元法務大臣夫妻の金銭スキャンダル

佐藤　第1章で語り合ったとおり、公明党は減収世帯への「1世帯30万円」の給付金を自民党に撤回させて、「一人一律10万円」の特別定額給付金に変更しました。給付金がもらえる対象は、日本国籍をもっている人だけではありません。

山口　外国籍の人も、朝鮮籍や韓国籍の在日韓国・朝鮮人（特別永住外国人）も、日本に住民登録がある人はすべて対象としました。

佐藤　無戸籍の人も対象に含まれています。誰一人置き去りにしない給付金の実現には、与党化してから20年以上が経《た》つ公明党の叡智《えいち》がいかんなく発揮されました。

　立憲民主党の元衆議院議員である井戸まさえさんは、長年にわたって無戸籍者の支援に取り組んできた方です。自民党単独政権であれば、無戸籍の人までは給付金の対象にはならなかったでしょう。野党からの提案であっても、良い政策であれば柔軟に吸収して形にできる。これが公明党ならではの特徴です。

　ただし、公明党にも吸収できない問題があります。自民党の個々の政治家が引き起こしたスキャンダルです。公明党がまったく関与していない醜聞は、さすがに構造的に公明党が吸収することはできません。

　２０２０年6月18日、元法務大臣の河井克行《かつゆき》衆議院議員と妻の河井案里《あんり》参議院議員が、東京地方検察庁特別捜査部に逮捕されました。河井案里議員の19年7月の参議院選挙を戦うにあたり、合計約２５７０万円を買収に使った公職選挙法違反の容疑です。

山口　そのうち約１８１０万円は、自民党系の地元議員42人に渡されていたそうです（21年1月現在、東京地方裁判所で公判中）。公明党は友党の候補である河井夫妻を、選挙協力によって応援してきました。私たちは真摯に反省し、二度とこのような金銭スキャンダルを起こしてはならないと固く決意しています。

　そこで20年11月18日、河井克行議員の地盤である広島３区で、斉藤鉄夫副代表を衆議院選挙に擁立することを決めました。それが広島３区の有権者に向けての公明党なりの責任の取り方であり、事件に対する誠実な向き合い方だと私は考えます。

佐藤　「広島３区で与党の議席を減らさない」というのは、連立与党である公明党としての現実的な判断と思います。広島３区で与党の議席を減らしたくはない。ただし、引き続き自民党の候補を応援するのはどうなのか。難しい選択を迫られる中、山口代表は思い切った決断をされました。

　斉藤さんが広島３区から衆議院選挙に出馬することには、核廃絶という観点からも大きな意味があります。日本がまだ批准していない核兵器禁止条約に、どうすれば一歩でも半歩でも近づけるのか。「核兵器は絶対悪である」というしっかりした価値観をもっている政治家が広島３区で誕生することは、日本と世界の核廃絶を確実に前進させるはずです。

山口　広島3区の再生のために、斉藤さん以上にふさわしい候補者はいない。私たち公明党議員はそう確信しています。

2021年の衆議院選挙は「挑戦する選挙」

山口　20年12月22日の記者会見で、私は来る衆議院選挙について「挑戦する選挙」と表現しました。従来の公明党流の戦い方をただ単に維持するのではなく、挑戦するべき場面では果敢に挑戦していく。それが広島3区での小選挙区候補の擁立です。

いなつ久（北海道10区）、岡本みつなり（東京12区）、佐藤しげき（大阪3区）、国重《くにしげ》とおる（大阪5区）、いさ進一（大阪6区）、北がわ一雄《かずお》（大阪16区）、赤羽かずよし（兵庫2区）、中野ひろまさ（兵庫8区）に加え、広島3区に斉藤てつおを立てて、小選挙区で挑戦します。

このところ選挙があるたびに、マスメディアから「公明党は退潮傾向だ」と言われてきました。小選挙区で完勝しつつ、「退潮傾向」云々という風評を跳ね返す戦いに比例区でも挑む。公明党は「挑戦する選挙」を死にものぐるいで戦っていきます。

新型コロナウイルスが収束しない中、これまでと同じやり方では選挙戦を戦えません。

知恵を絞って新しい戦術、新しい工夫を生み出しながら、どうやって公明党が有権者にアプローチし、支持を拡大していけるのか。そういう意味でも「挑戦する選挙」なのです。

佐藤　「そんなのできないだろう」と周囲から反対されてあきらめていれば、今日の公明党はありませんでした。公明党がなければ、小中学校の教科書は無償化されませんでした。今の若い人たちにとっては、教科書がタダでもらえるのが当たり前でしょう。でもかつての日本では、教科書はオカネを出して買わなければなりませんでした。

山口　第4章でお話ししたように、公明党の一人の議員が「この現状はおかしい」と声を上げたことをきっかけに、国政での働きかけを通じて１９６３年度から教科書の無償化が始まりました。69年には、すべての小中学校で教科書の無償化が実現しています。

佐藤　黎明《れいめい》期の少数政党である公明党が実現した、画期的な教育政策です。公明党がいなければ、隅田川は今もドブ川のような状態のままだったかもしれません。隅田川に糞尿《ふんにょう》が不法投棄されている事実をつかんだ都議会公明党の議員は、メタンガスが充満する糞尿の運搬船の船底に入り込んで徹底的に調べ上げ、告発しました。公明党議員には、良い意味でのねちっこさ、絶対にあきらめない力が伝統的に具《そな》わっているのです。

「不可能だと思われていることへの可能性」を見いだし、そこに挑戦を続けていく。「挑戦する選挙」「挑戦する政治」は、公明党の原点回帰でもあります。

選挙の争点は「安定か混乱か」

佐藤　縁がありまして、私は河井克行さんのことを外務省時代からよく知っているのです。かつて彼の応援演説を引き受けたこともありました。そのことへの反省の意味からも、広島3区では、公明党の斉藤鉄夫さんにがんばってもらいたいと思っています。

河井さんが政治家としてスタートした当時は、何らかの自分の理念があったはずですし、やりたい仕事もたくさんあったはずです。政治に取り組む純真な思いをもっていても、知らず知らずのうちに権力の魔性に心を食い破られ、増上慢に陥ってしまった。根っこの価値観のところで「自分は今おかしくなりかけていないか」と自己反省できる素地が、河井さんの心の中で弱かったのでしょう。

「自分自身も権力の魔性に取り憑《つ》かれる危険性がある」。そのことを一人ひとりの議員が皮膚感覚でわかっていることが、公明党の強さです。河井さんの問題が起きたとき、公明党は政治腐敗を決して他人事《ひとごと》としては受け止めませんでした。「我々には絶対こういうことがあってはならないぞ」と、あらためて強く決意する。それが公明党らしさです。
　２０１９年７月の参議院選挙が「争点なき選挙」と言われたとき、山口代表は即座に「争点はありますよ。『安定か混乱か』です」と切り返しました。新型コロナウイルスの収束のめどが立たない今、広島３区でさらなる混乱を引き起こし、政治のせいで日本社会を混乱させるべきではありません。

山口　そのとおりです。「安定か混乱か」は、来る衆議院選挙の争点でもあります。

佐藤　かといって「社会を混乱させてはいけないから、引き続き自公を選んでくれ」という理屈は広島３区の有権者には通りません。「挑戦する選挙」と銘打って、広島に巣食う政治腐敗と戦い、さらに新型コロナとも戦っていく。「守りではない。攻めの選挙で行くのだ」という山口代表の戦う姿勢に強い共鳴を覚えます。

山口　公明党の基礎票だけでは、広島３区ではとても勝ち目がありません。自民党から協力を得て、一般の無党派層にも食いこみながら支持を得なければ、勝利は難しい状況です。「私たち公明党だけが正義です。ほかはみんな汚い政治ばかり、悪ばかりです。だから私を選んでください」という態度では、幅広い共感は得られません。
　斉藤さんの人間性、これまで実現してきた政策、環境大臣を経験した実績（２００８年

8月～09年9月）、これから挑戦する目標、こうしたものをすべてぶつけたときに初めて「もっと良い政治になってほしい」と願う有権者の共感を得られます。

佐藤　自民党支持者、野党の支持者の一部、いわゆる無党派層、有識者まで幅広い人々の支持を結集できるだけの力が公明党にはある。その事実を広島３区で示すことができれば、日本の政治を変えるうえで大きな意味があると私は思います。

北海道2区の元農水大臣スキャンダル

佐藤　吉川貴盛《たかもり》衆議院議員が農林水産大臣在任中、鶏卵生産会社の「アキタフーズ」（広島県福山市）グループの元代表から５００万円を受け取ったというニュースが、２０２０年12月2日にいっせいに流れました。これを受けて12月21日、吉川元大臣は衆議院議員を辞職しています。

　21年の元旦には、このほかにも１３００万円、合計で１８００万円の現金授受がなされたという報道が流れました。

　これはあくまでも東京地検特捜部からのリーク情報に基づく報道でした。１月15日、吉川元大臣は収賄罪《しゅうわいざい》で在宅起訴されました。事件は裁判に舞台を移します。

もし吉川元大臣が有罪となれば著しい政治不信を招きます。広島3区のみならず、ほかでも「政治とカネ」の問題が連続して噴出したのであれば、これは偶然ではなく自民党の構造的問題ということになります。

山口　吉川元大臣の選挙区である北海道2区では、21年4月に補欠選挙が予定されています。自民党は襟《えり》を正すため候補者を出さないと決めました。「政治とカネ」の問題をめぐる有権者の不信感を払拭《ふっしょく》するためにも、広島3区での挑戦は政治不信を打ち破る突破口にします。

佐藤　そして、いなつ久さんが北海道10区の衆議院選挙で大勝利することも重要です。資本主義社会では、オカネと権力は正の相関関係があります。密室で袖の下を渡されかけたとき「いえ、そういうものは要りません」とバチンと跳ね返すためには、きちんとした価値観が必要なのです。「自分は今、非常に悪い境涯になりかけているかもしれない」という感覚を政治家がもって自省できるかどうか。ここにかかっているのです。

山口　そのとおりです。

佐藤　友党の議員が犯したミスをわが事のように引き受けて、政治腐敗を起こさない構造を再構築していく。これは公明党にとって重要な課題です。

山口　スキャンダルが明らかになったとき「長期政権が続く中、腐敗の土壌、甘えた構造の中で起きたことだ」と切り捨てることは簡単かもしれません。だからといって「政権交代だ」「ガラガラポンだ」と言って野党と政権交代すれば、民主党政権時代の大失敗の繰り返しになってしまいます。大混乱を来したあの3年2カ月の二の舞になるのでは、国民はたまったものではありません。

　国民が望む課題にきちんと取り組んで、答えを見いだす。一方で自分たちのすぐ近くにいる友党の中から、悪い種、悪い要因を減らしていく。もちろん、公明党自身にも同様に厳しく問い返していく。立ち直っていく。復元していく。公明党は復元力を発揮しなければなりません。

佐藤　浮世の義理もあるし、人情もあるしということで、道徳的にいかがなものかと感じる政治家がいてもじっと黙っていた。公明党の皆さん、そして支持母体である創価学会の皆さんの中には、広島3区に関して「自民党のあの人は価値観の根本のところから離れておかしなことをやってしまった。こうなる前に私たちが気づいて、本人に注意してあげれば良かったな」という思いが強いのではないでしょうか。

広島3区の選挙は、広島市安佐北区《あさきたく》や安佐南区《あさみなみく》、安芸高田市《あきたかたし》、山県郡《やまがたぐん》（安芸太田町《あきおおたちょう》、北広《きたひろ》島町《しまちょう》）といった地元の問題にとどまりません。この選挙は日本全体のみならず、未来の政治をも全部占っていく戦いだと私は思います。

20年間を超える自公連立政権の真価がこれからどのように発揮され、そして今後の未来の日本がどういった方向へと向かっていくのか。それが広島3区の決戦で象徴的に決まるのです。

終章

価値観政党・公明党の戦い

「ハードパワーによる安全保障」から「人間の安全保障」への転換

山口　１００歳を超えるおばあさんから、おもしろい手紙をもらったんですよ。そのおばあさんは「５・７・５・７・７」形式で時事的な言葉を並べ、短歌を詠《よ》むのです。新型コロナウイルスをテーマとして詠んだ歌には、こういう趣旨のことが書かれていました。

「ペストがヨーロッパの１００年戦争を終わらせた。感染症には戦争を止める力がある。今はコロナでたいへんな状況ではあるが、むしろ対立を鎮《しず》め、〝国家間の安全保障〟ではなく〝人間の安全保障〟を導いていく大きなきっかけにしていけばいい。公明党よ、がんばれ」

　こういうすばらしい手紙をいただき、おおいに勇気づけられました。

佐藤　すばらしいですね。非常に重要な視点です。難に直面したら、難に背を向けて逃げ出すのではなく、難を正面から受け止めて強くなる。これが今までの公明党の歴史でしたし、支持母体である創価学会の歴史でもあります。

　人類は、あまりにも地球生態系の奥深くにまで入りこみすぎてしまったのではないか。コウモリが住んでいる洞窟のようなところまで足を踏み入れた結果、思いもよらぬ感染症を生態系にもちこんでしまったのではないか。多くの人々がそんな反省をしているところです。

根っこのところで強い価値観をもつ公明党は、目の前に起きた事象を個別で切り離してとらえません。生態系の森羅万象《しんらばんしょう》は、全部自分と連関している。だから「新型コロナ収束のためには『ＣＯＶＡＸファシリティー』が必要だ」という視点がパッと生まれるのですし、２０５０年を見据えた脱炭素社会への展望も描けるのです。

専門家は、個々の事象をタコツボ型でバラバラに研究します。根っこのところにしっかりした価値観がなければ、個別の知見を合成して政策を導き出すときに、誤謬《ごびゅう》を引き起こしかねません。その点、地球生態系を「鳥の目」で俯瞰《ふかん》しながら、同時に「虫の目」で草の根の大衆の声まで目配りできる公明党は信頼できるのです。

与党であり続けることの重要性

山口　１９９９年から20年以上にわたって自民党と連立政権を組む中で、公明党はさまざまな波を経験してきました。良いことばかりではなく、むしろ苦しいことのほうが多かったようにも思います。

今の政権の枠組みに替わる選択肢は、野党を見渡す限りとても期待できません。だからといって与党の地位に安住している隙に、自分たちの連立政権の内部から歪《ゆが》みや油断、マイナスの結果があらわれてくることもあります。

佐藤　そんなときには、価値観政党である公明党が根っこの価値観をグッと押し出して、自民党のブレを修正してハンドリングしていけばいいのです。

山口　東アジアの安全保障環境が変化して荒波にさらされる中においても、公明党は平和主義の屋台骨をしっかりと守ってきました。平和主義とは、周辺諸国で何が起ころうが目をつぶって寝ているという意味ではありません。いざ事が起こったときには、国際社会の一員としてきちんと果たすべき役割をまっとうする。そのために、２０１５年９月に平和安全法制を成立させたのです。

佐藤　自民党の当初案に大きな縛りをかけて修正を加えたため、部分的な集団的自衛権容認どころか、実質的に個別的自衛権の範疇《はんちゅう》を出ない平和安全法制に仕上がりました。

山口　「核兵器がない世界」という高い理想を掲げて、中長期的な視野で志を失わない。あきらめない。私たちはどこまでも粘り強さをもって、核廃絶へ向けて真剣に取り組んでいきます。

具体的な生活についても、私たちは危機感をもって取り組んでいきたい。国民の今の嘆き、時々刻々と変化する実情を直視して、大衆が求める声を政策決定の中に反映させていく。こうしたきめ細かい仕事ができる政党は、全国３０００人に及ぶ議員集団をもつネットワーク政党・公明党以外に存在しません。

佐藤　その公明党が与党であり続けることが重要です。与党でなくなってしまったら、政策を実現して予算を執行することができません。

山口　公明党は、これからも連立政権にとってなくてはならない存在です。「大衆とともに」の自覚と責任を新たに、私たちはますますがんばっていきます。

価値観政党・公明党の存在意義がいよいよ増してきた

佐藤　新型コロナウイルス感染症と政治腐敗には、共通する点があります。それは人間の心の問題だと思うのです。人間の心の中には、必ず闇の部分があります。文明の発展にも、やはり闇の部分があります。文明と経済発展、グローバリゼーションに伴って必然的に生じる問題が、新型コロナという想定しない形であらわれました。そして一人の人間の心の中でも、権力の魔性と増上慢《ぞうじょうまん》という闇が生じているのです。
政治家としての初心《しょしん》の志は清廉潔白であったのに、長期にわたって権力を握る中で、いつの間にか高い志を忘れて闇の力に支配されてしまう。たとえ魔性にみいられたときがあったとしても、その魔性を見つめて克服していける内発的な力があることが、公明党の強さです。
真理は具体的ですから、公明党は理想を唱えるだけではありません。ワクチンの開発・接種を含めて新型コロナを現実的に解決していく。核兵器が使われることがないように、核廃絶に向けた歩みを現実に進める。政治腐敗との決別を現実に進めていく。政治腐敗を起こさない政治家を自ら選び出す。

山口　佐藤さんがおっしゃるとおりです。

佐藤　この本が出版された後に行われるであろう広島３区の衆議院選挙は、まさに山口代表言うところの「挑戦する選挙」です。これは価値観をめぐる重要な戦いになります。
公明党がどういった価値観をもっているのか。有権者はどういう価値観をもった政治家を選択していくのか。小選挙区や比例区をはじめ、広島３区では斉藤鉄夫《さいとうてつお》さんにがんばっていただきたいと思っています。

おわりに

山口那津男

佐藤優さんと対談集を出版するのは、２０１６年春に発刊した前著に続いて2冊目だ。公明党の本質とは何なのか。佐藤さんのようにじっくり分析して論じてくれる有識者は、驚くほど少ない。公明党に関する部分的な情報を切り取り、おもしろおかしく描く報道が多い。そのせいで公明党は、本質からほど遠い評価がぶつけられてきた。

佐藤さんは一貫して「公明党は価値観政党である。その根底には中道主義、平和主義、人間主義が流れ通っている」と指摘してこられた。

本書でもじつにさまざまな観点から、公明党がたいせつにする価値観について論じていただいた。過分な評価に面映《おもはゆ》くなることもあったが、公明党よ、がんばれという激励と受け止め、さらに精進していきたい。

私たちは20年7月から12月にかけて、4回にわたって対談を行った。この間、政府与党は新型コロナウイルス感染症と必死で戦ってきた。

東京一極集中の弊害を、私たちはこの間に嫌というほど思い知った。４月から５月にかけて政府が緊急事態宣言を発令すると、感染はいったん収束したかに見えた。医療崩壊を招かないギリギリのところで、かろうじて医療は維持されてきた。

未経験の困難な課題に直面したとき、しわ寄せは社会の中で最も弱い部分に集中する。小規模企業の事業者、非正規雇用の労働者、女性の働き手、ひとり親の家庭、障がいをもつ人、収入が十分でない高齢者に、真っ先に打撃が及んだ。

緊急事態宣言のもとで、誰が最も苦しんでいるのか。３０００人に及ぶ公明党の地方議員は、津々浦々で大衆の叫びを汲《く》み取《と》る。その叫びは、中央政府で働く公明党の国会議員のもとへ次々と報告された。

そこで休業中も雇用を維持できるように、雇用調整助成金を出すことを決めた。資金が枯渇《こかつ》した企業が事業を続けられるように、２００万円を上限とする持続化給付金も給付した。社会には非正規雇用、フリーランスとして働く人もいれば、非営利団体で仕事をする人もいる。その人たちをセーフティネットから漏らさないために、非正規雇用やフリーランスの人にも上限１００万円の持続化給付金をお支払いするよう追加決定した。

年金だけが頼りの高齢者も在日外国人も、コロナのせいでみんな等しくあえいでいる。

すべての人に手を差し伸べるため、公明党は一人一律10万円の特別定額給付金を実現した。緊急事態宣言による深刻なマイナス面も露見した。観光産業に依存する地方都市が大打撃を受けたのだ。20年はインバウンド（外国人観光客）がほとんど来日できなくなってしまった。すると観光産業を支えるのは、１４００万人近い人口をもつ東京であり、９２０万人の神奈川県、８８０万人の大阪府だ。

　そこで公明党の赤羽《あかば》一嘉《かずよし》国土交通大臣のリーダーシップのもと、政府は20年７月から「Ｇｏ Ｔｏトラベル」キャンペーンを開始した。Ｇｏ Ｔｏのおかげで、地方の観光産業は俄然《がぜん》息を吹き返した。新型コロナの感染拡大を防ぎつつ、同時に経済社会活動を活性化させる。二つを両立させるためには、東京がカギを握っている事実をあらためて再認識した。と同時に、飲食業者もみんな困っている。そこで「Ｇｏ Ｔｏ Ｅａｔ（イート）」キャンペーンも始めた。

　この対談を行った後、昨年末にかけて、東京など大都市部を中心に、新型コロナの感染が急速に拡大し、飲食店の営業時間短縮や「Ｇｏ Ｔｏトラベル」の全国的な一時停止などの対策がとられた。年が明けてからも感染拡大の勢いは止まらず、１月７日に１都３県に対して「緊急事態宣言」が再発出され、８日から２月７日までの間、対象は11都府県に及び、さらにその後、栃木県を解除し、10都府県で3月7日まで延長されることとなった。

この間、これまでの経験を生かし、従来の有効な対策の延長や拡充、予備費を使った新規策などを実施しながら、令和2年度第3次補正予算を成立させ、「新型インフルエンザ等対策特別措置法」や「感染症法」及び「検疫法」を改正し、ワクチン接種の準備と実施を追加していくことになった。

これらの経過は、後日の検証にゆだねることとする。


草の根の声に耳を傾けて吸い上げ、スピード感をもってこのような政策を作り上げる機能は、政府も自民党ももっていない。検査体制を拡大しながら感染をウォッチし、医療体制を維持することだけで厚生労働省の職員は手いっぱいだ。自民党所属の地方議員は、公明党のような縦と横の生きたネットワークをもっていない。「チーム3000」と呼ばれる公明党の地方議員は、地に足をつけて粘り強く調査を続け、実態に基づいた建設的な政策提言を続けてきた。その活動が、矢継ぎ早に繰り出された新型コロナウイルス感染対策に結実した。

こういう体制は、一朝一夕にはとても作れない。国会議員の議席が急に増えたとしても、地方議員とのネットワークがなければ現場の声はとてもつかみきれないのだ。その点、公明党は都道府県議会、市区町村議会が二層構造でネットワークを結んでいる。そのネットワークは国会議員にもダイレクトにつながる。縦にも横にも電流を流すように、絶えず議員同士が交流しながら、人々が今最も必要とする政策を生み出しているのだ。

　立党精神というと、紙に書いて壁に飾っておくようなイメージをもつかもしれない。党創立者が示してくださった「大衆とともに語り、大衆とともに戦い、大衆の中に死んでいく」という立党精神は、公明党議員の毛穴の中にまで染《し》みついている行動原理だ。佐藤さんの言葉を借りれば「中道主義、平和主義、人間主義の価値観」をもつ公明党議員は、どんな困難が立ちはだかろうがあきらめず、矢面に立って大衆とともに戦っていく。

　１９９９年10月の小《お》渕《ぶち》恵《けい》三《ぞう》内閣の時代、公明党は初めて連立政権に参画した。政権交代によって野党になった３年２カ月を含め、公明党は自民党と21年以上にわたって緊密な連携を保っている。だが自民党と何もかも意見が共通するわけではない。ときには火花を散らすようにバチバチと議論がぶつかることもある。

「政治は妥協である」「妥協こそが政治的合意なのだ」と言われる。日本語で「妥協」と言うと「意見が折れた」「相手に立場を譲った」というマイナスの印象があるが、英語の「compromise」には「妥協」とともに「和解」という意味がある。

かつて私が弁護士として仕事をしていた民事裁判の世界では、原告と被告が証拠と主張をぶつけ合う。裁判によって両方が傷つくこともあれば、どちらか一方が傷ついて終わることもある。両方それぞれの主張を一歩ずつ譲り、接点と合意を見いだして論争を途中で終結させる。これが裁判の世界で言う「和解」だ。お互い一歩も譲らずとことん白黒をつけるよりも、和解によって解決したほうが、お互いに利益を得られる場合がある。早期の解決を導き、なおかつ次の無用な争いを防ぐ。これが「和解」が果たす機能だ。

公明党と自民党の意見がぶつかるとき、私はどうにかして「和解」を見いだそうと努力してきた。型にハマったイデオロギーに縛られず、ありのままに大衆の実態をつかむ。極端や極論に走らない。一歩前進、前三後一《ぜんさんごいち》で意見が異なる自民党と対話し、合意を見いだして政策を速やかに実現する。これが中道主義の政党・公明党の行き方だ。

民主主義は基本的に多数決で決まる。だからといって、少数政党である公明党の意見が多数決で何でもかんでも否決されるわけではない。自民党と議論を重ね、公明党の主張の幾分かが取り入れられて政策が実現すれば、民主主義ははるかに豊かになるのだ。

自民党との「和解」によって一度作った政策に対して「公明党は妥協した。中途半端《ちゅうとはんぱ》だ。ひよった」と批判する人もいる。だが橋頭堡《きょうとうほ》を作ったあと、公明党はそれをテコにして次の一手を打つ。不妊治療への保険適用もそうだ。公明党が与党に参画した直後、私たちは大衆の署名を集めて政府に届け、部分的な助成制度を実現した。助成制度の範囲を拡大し、とうとう保険適用実現が視野に入った。これが与党であり続けることの力だ。

大署名運動による携帯電話の料金引き下げや「番号ポータビリティー（持ち運び）制度」の実現の積み重ねが、その後の携帯電話の料金引き下げに結びついた。２０５０年を目標とする脱炭素社会とカーボン・ニュートラルの実現も、公明党は「そんなの無理だ」とあきらめることなく、与党であり続けながら必ず実現していく。

来る広島３区の衆議院選挙では、公明党は友党が引き起こした政治腐敗にも戦いを挑む。公明党においても不適切な行動で国民の信頼を損い、議員辞職を余儀なくされた者が出たことを厳しく自らに問いかけなければならない。わが党を支えてくださった方々はその油断と逸脱を戒《いまし》める。党の代表として深く反省し、心からおわび申し上げたい。あらためて、原点を見つめ再出発したい。政治姿勢はクリーン、政策目標はグリーン。公明党はクリーン＆グリーンの政党なのだ。公明党議員の愚直で清廉な政治姿勢は、有権者の信頼を必ず取り戻せると私は信じる。

本書を発刊するにあたり、潮出版社の幅武志さんにはたいへんなご尽力をいただいた。深く感謝申し上げたい。

2021年2月9日

潮新書 037

公明党 その真価を問う

2021年 3月20日 初版発行
2021年 8月24日 3刷発行

著 者｜ 山口那津男
佐藤 優

発行者｜ 南 晋三
発行所｜ 株式会社潮出版社
〒102-8110
東京都千代田区一番町6 一番町SQUARE
電話 ■ 03-3230-0781（編集）
■ 03-3230-0741（営業）
振替口座 ■ 00150-5-61090

印刷・製本｜ 凸版印刷株式会社
ブックデザイン｜ Malpu Design

ISBN978-4-267-02270-8 C0295

山口 那津男
やまぐち・なつお
（公明党代表・参議院議員）

１９５２年茨城県生まれ。水戸第一高等学校、東京大学法学部卒業。弁護士。東京都葛飾区在住。90年、衆議院議員に初当選（当選2回）。２００１年より参議院議員（現4期）。防衛政務次官、参議院行政監視委員長、党政務調査会長などを経て、09年9月より公明党代表。地雷除去活動支援と自衛隊が保有する対人地雷やクラスター爆弾の全廃、離島支援、学校耐震化、東京大気汚染訴訟の全面解決などに尽力。国会論戦での緻密な論理と独自の調査を基にした鋭い追及により、「政界きっての論客」と言われる。

佐藤 優
さとう・まさる
（作家・元外務省主任分析官）

１９６０年東京都生まれ。同志社大学大学院神学研究科修了後、専門職員として外務省に入省。英国の陸軍語学学校でロシア語を学び、在ロシア日本国大使館勤務を経て、帰国後は外務省国際情報局で主任分析官として活躍。２００２年、背任と偽計業務妨害容疑で逮捕・起訴され、09年6月に執行猶予付き有罪確定（13年6月に満了）。著書に『国家の罠』（毎日出版文化賞特別賞）、『自壊する帝国』（新潮ドキュメント賞、大宅壮一ノンフィクション賞）、『十五の夏』（梅棹忠夫・山と探検文学賞）、『池田大作研究 世界宗教への道を追う』など多数。20年、菊池寛賞を受賞。

本書は、2020年7月から同年12月にかけて
行われた対談を収録したものです。